山西文物精华丛书　山西省文物局◎编

大音希声颂梨园
——山西古戏台

乔忠延◎著

山西出版传媒集团

三晋出版社

乔忠延

中国作家协会会员、山西省散文学会名誉会长。

曾在《中国作家》《人民日报》等报刊发表作品600余万字。已由人民文学出版社、商务印书馆等出版社出版《远去的风景》《帝尧传》《感天动地——关汉卿传》《成语里的中国历史》《中华经典名句故事读本》《立体史记·山西古代建筑》等图书97部。作品先后入选《百年美文》《新世纪优秀散文选》等百余种全国选本。曾获赵树理文学奖、冰心儿童图书奖、冰心散文奖、西戎文学奖、山西省五个一工程图书奖等奖项。

总 序

山西之美，在自然，在环境，在文化。在自然，其山河表里，风韵独特；在环境，其地设天造，浑然一体；在文化，其厚德载物，历久弥新。

大河之东，太行之右，历史悠久，文物灿烂，若星宿列张，蔚为大观。

山西地上文物丰富，就是一座"中国古代建筑博物馆"，从北到南，从东到西，28000 余座文物建筑鳞次栉比。世界文化遗产云冈石窟、平遥古城、五台山享誉海外，1400 余千米的战国、汉魏、隋、五代、明等历代长城及附属设施横亘云朔，沁河流域百余座独特的聚落堡寨星罗棋布，占全国七成以上元代以前的400 余座古建筑原真保存，唐佛光寺、宋圣母殿、辽释迦塔、元永乐宫、明悬空寺等文化景观蜚声世界，12000 余尊历代彩塑、24000 余平方米寺观壁画、2300余座元明清戏台萦心动魄。山西古建及附属彩塑、壁画、碑刻等蕴含的文化基因，展示山西厚重的文化积淀，在古建文化传承传播上向世人呈现出更大魅力。

山西地下文化遗产同样多彩多姿：中国最早的旧石器和用火痕迹，在芮城的西侯度；最早的"中国"——尧的都城，在襄汾的陶寺；曲沃晋侯墓地、侯马新田都城和太原赵卿墓等考古发现，印证了晋国奋发图强的历程；大同平城和太原晋阳城的考古发掘，大同司马金龙墓、忻州九原岗大墓、太原娄睿墓和徐显秀墓出土的惊世文物，见证了山西在华夏民族历史融合中的辉煌地位；太原虞弘墓、蒲州故城和蒲津渡铁牛的考古发掘，再现了北朝、隋唐时期东西文化交流的繁盛。夏县师村6000年前的石雕蚕蛹，绛县西吴壁、昔阳钟村二里头时期的实物遗存，逐步揭示出山西在中华文明发展进程实证中的特质，掀开了古老文明的神秘面纱。

山西博物馆的历史已走过百年。山西的11座地级城市，都拥有以收藏、展示、服务为核心的共享空间，博物馆成为山西城市文化的标配，成为人民增长知识、研究学问和休闲小憩的文化会客厅。据2023年统计，以山西博物院、中国煤炭博物馆、八路军太行纪念馆等为代表的全省225座博物馆，年接待观众3000余万人次，推出展览700余个。博物馆热、文创热，为老百姓提供了更多服务产品，真正发挥出服务社会的功能。

过去的百年，山西致力于矿产资源的开采，支撑起了山西乃至全国工业化和现代化的腾飞；今后的百年，山西将更加重视文化资源的保护、开发和利用，这份独一无二、不可再生的历史文化遗产，将在中华民族的伟大复兴进程中作出独特的贡献。

山西文物厚重丰饶，著录庞杂浩繁。出版"山西文物精华丛书"，以分类成编，向世人介绍山西文物之美，以收画龙点睛之效，以方便读者旅游和研究，是为初衷。

山西省文物局

2025年2月

目录

希声须梨园

此时无声胜有声。

毫无疑问，无论我步履抵达何处，到处都能看到历经沧桑的戏剧文物。这些文物或完整，或破旧，或残损，皆寂然落座，没有一丝声息。煌煌戏台如此，挺挺碑石如此，即使是让人悦目愉心的木板、石头，青砖雕刻的栏杆、花板和墙体，也都缄口无声。然而，每每临近赏鉴，几百年、近千年的乐曲唱腔，便萦绕耳际，挥之不去，令我难以拔步，难以离去，久久痴迷于其中，久久沉醉于其中。古今多少事，尽在无言中。童年时，奶奶曾告诉我，千年文字会说话。如今，我面对的不是千年文字，而是千年文物，它们也像文字一样会说话，还会唱歌，会把往事从头诉说，一溪戏剧流水便潺潺、汩汩、滔滔，唱响于我的周身。我在这音韵里沉迷、亢奋，亢奋这表里山河的山西大地上会有如此娇艳的"活色"，会在中华戏剧史上具有如此醒目的地位。

一部中华戏剧史，胚胎在何时滋生孕育，成熟在何处呱呱坠地，曾令众多史家颇费心思。之所以颇费心思，是因为你没能举步山西大地。倘若你踏遍这表里山河，许多难点就会迎刃而解。现在，让我们走近一通碑石，看看戏剧的初始发轫。

戏剧的基本元素中，唱歌和跳舞是必不可少的。虽然唱歌和跳舞不能算作戏剧，可唱歌和跳舞能够催生戏剧。于是，有一通碑石便格外醒目。这是一通《击壤歌》碑，屹立在临汾城郊的康庄村。屹立在此地，是因为《击壤歌》诞生在这里。相传，上古时帝尧巡访来到这里，看见人们正做击壤游戏：地上竖着一块木板，做游戏的人手中拿着一块木板投掷出去，谁能打中地上那块就是胜者。众人边投掷，边吟唱，后人称之为"歌之舞之"。他们吟唱的就是《击壤歌》："日出而作，日入而息。凿井而饮，耕田而食。帝力于我何有哉。"且不论帝尧看到康庄众生欢乐的情景，兴奋地赞誉这里是"小康之地"，"小康"的美名由此而生；仅从游戏的"歌之舞之"便可以看出，早在上古时期的闲暇游戏里，戏剧就已开始滋生孕育。

别看我国的戏剧发育很早，但比之世界戏剧，成熟却晚了很多。早熟有早熟的条件，晚熟有晚熟的道理。中国戏剧晚熟，缘于我们是礼仪之邦，那"歌之舞之"的因素没有进入演艺，而进入了各种祭祀。即使成熟晚，也该有个端点。端点在何时？在汉代。依凭何据？汉墓陶塑。这是1969年在运城县侯村发掘的一座古墓，内有一个陶塑绿釉百戏楼模型。戏楼分三层，二层的中间有两个艺人，一个左臂横抱一鼓，右臂伸展举槌，右腿抬起，呈敲击起舞姿势；另一个右掌托物，双臂平伸，正在表演杂技。上层男女舞伎，则在唱歌跳舞。戏剧专家郭士星认为，这是我国发现最早的一座百戏楼模型。

研究戏剧的专家总以为汉代百戏与真正成熟的戏剧尚有距离，还没有经历唐朝参军戏的阶段，还没有情节渗入，还有待岁月对戏剧的哺育。那该锁定何时？北宋。一个铁定的证据是出现了舞台。不过进入现代人视野的不是实物，而是记载于《东京梦华录》里的"勾栏""瓦舍"和"乐棚"。如此证据，山西比比皆是，而且个个都比《东京梦华录》记载的"硬气"，因为那是如磐的碑石。试举几例：

之一，曾名为万泉县的万荣县桥上村后土庙存有宋真宗天禧四年，即公元1020年所立"新建后土庙记碑"，碑文中记有"修舞亭都维那头李廷训"。

之二，沁县存有宋神宗元丰二年，即公元1079年所立"威胜军关亭侯新庙记碑"，碑文称建有"舞楼一座"。

之三，平顺县东河村九天圣母庙存有宋徽宗建中靖国元年，即公元1101年所立"重修圣母之庙碑"，碑文刻有"命良工再修北殿，创建舞楼"。

如此有关戏台的碑刻，山西留存众多，自然可以窥视到山西戏剧早在宋代就已经"乱花渐欲迷人眼"，非常繁盛了。那金元时期呢？毫不逊色，继续立于中国戏剧的潮头。如此自诩，当然不乏证据，而且地上地下均有。地上的是历经风雨仍崛然存在的戏台，地下的是偶然发掘破土而出的砖雕。要看地上戏台，我们不妨将目光投向高平市王报村，这是一个不算很大的村子，高岗上落卧着一座二郎庙，戏台就在庙中。台基的束腰处，能够清晰地看出刻有"大定二十三年岁次癸卯秋十有三日"的字样。大定是金代的年号，换算一下时间，公元1183年，这座戏台就已面世。同时面世的戏台肯定不会只王报村这一座，但是，历经天灾人祸侥幸存留下的却是中国唯一。这种推论绝不是信口雌黄，而是那些赫然出土的古墓砖雕提供了判断支持。

1959年，侯马市郊发掘出一座大金国大安二年，即公元1210年的董姓古墓。墓室的后壁上砌有一座戏台，台上雕有表演艺伎。这样的古墓戏剧砖雕，在晋南屡见不鲜。最为抢眼的是，在稷山县马村、化峪和西关苗圃曾连续发掘18座金墓，其中半数嵌有砖雕戏台和表演的舞伎。在10平方千米的区域内，竟有这么多的古墓砌有戏剧砖雕，不止在山西，即使在全国也独一无二。由此，金代戏剧的繁盛可见一斑。所以，"山西立于中国戏剧潮头"之说绝非妄言。

由金入元，古墓里出土的杂剧砖雕仍不少见，而此时任谁也不会为之兴奋、为之动容，因为地上的元代戏台已不罕见，在早先平阳府的范围内存有9座，而这9座元代戏台，既是山西的总数，也是全国的总数。建造最早的是泽州县南村镇冶底村的戏台，始建于元代至元十一年，即公元1274年，此戏台是三面开口。无独有偶，三面开口的元代戏台，还可见于尧都区魏村牛王庙、翼城县武池村乔泽神庙。若是去看尧都区东羊村东岳庙戏台，那就只是一面开口了，时在元代至正五年，即公元1345年。这一变化，至少可以看出戏剧的舞蹈性质逐渐退化，代之而起的是剧情逐渐连贯。由于站在侧旁观看，看不到演员表情就难深入剧情里面，故将两侧的观众移至正面。为使音韵朝向观众发散，戏台做了改进，增加了山墙，只能一面看戏。这是戏台的一次跨越，仅一步就跨到了我们的面前，已和如今流行的戏台别无二致。

鉴赏山西的戏剧文物，我想起了清代龚自珍的诗句"我劝天公重抖擞，不拘一格降人才"。不过，绝不是照搬使用，而是反其意而用之，"何须天公重抖擞，不拘一格降人才"。之所以敢于这么狂放，是缘于山西戏剧文物百花纷呈、万紫千红，传递着往昔梨园的无限春色。

看看高平市西李门村二仙庙石刻《宋金队戏图》，就能遥望金代艺人的演出服饰和赛社队戏的民间风情。若是细鉴，还可以看出文化融合的迹象，金代女真民族乐舞与当地汉族戏剧演艺交融在一起，同歌共欢，热闹非凡。

看看大同市城西五里店出土的元代影青广寒宫瓷枕，就能知晓华夏神话早就是戏剧不可或缺的内容。瓷枕描画的故事是《广寒宫》，有对镜梳妆的嫦娥，有拱手侍立的女仆，有捣药的玉兔，还有蹲伏在旁边的蟾蜍。

看看洪洞广胜寺明应王殿的元杂剧壁画，就能明白元代戏班的整体风貌。有演员，前排5人均着戏装；有司乐，后排5人各持乐器。戏装已能分出旦色、副净色、正末色和副末色。乐器已有大鼓、笛子、杖鼓、拍板。当然，之所以能明白元代戏班的整体风貌，还离不开大殿上部那条醒目的横书"尧都见爱大行散乐忠都秀在此作场"。一幅壁画，尽显元代梨园风采啊！

……

足履所至，到处是无声的文物。可恰恰是这无声的文物，展示出有声的戏剧。

戏剧在悠然孕育。

戏剧在缓慢成熟。

戏剧在日渐繁盛。

这一切无不在戏剧文物上展现得淋漓尽致。山西大地，从雁北到晋南，从吕梁到太行，从汾河两岸到黄河东畔，到处都是戏剧"博物馆"。徜徉其中，歌声绕梁，乐声萦耳，梨园浓情扑面来，此时无声胜有声，此时无情胜有情。

行笔至此，真该对戏剧文物有个阐释了。戏剧文物，是个较大的

6

出将、梨园风韵今犹在

图一

图二

图三　图四　图五

概念，存留在社会上和埋藏在地下的有关戏剧的历史文化遗物统属此列。稍细点说，包括墓葬遗物、碑铭题记、绘画雕刻、书写的和版刻的剧本，当然古代戏台建筑或遗址更是不可或缺的。说山西是个"戏剧博物馆"，是因为到处可见这样的文物。

现在就让我们迈开双脚、拭亮双目，去这些珍贵文物中观赏五彩缤纷的戏剧世界，并由此审鉴历史风云、世事浮沉。

希声远乐图

生之篇：千呼万呼始出来

一粒沙里见世界，半瓣花上说人情。

曾以为这话是文学家的想象，是文学家的夸张。一粒沙、半瓣花，何至于有那么大的威力。

然而，当我观赏，并逐渐理解了山西戏剧文物，蓦然领悟到这没有丝毫的夸大，而是对自我素质的检验。一粒沙里见世界，是因为胸中早已装下这个世界；半瓣花上说人情，是因为心中早已积聚了浓浓真情，所谓触景生情是也。我这么陈述看法，是戏剧文物让我瞭望到一个遥远的天地。

说到戏剧文物，跳出来的词语是泱泱、汪汪，实在是太多、太多。不过要说最醒目的，还是古代戏台。古代戏台多姿多彩，形色纷纭，若是论及出场的先后，可以先走近露台、舞楼一饱眼福。

露台、舞楼，不是古道、西风、瘦马，却胜过古道、西风、瘦马。古道、西风、瘦马，只能让马致远感伤"夕阳西下，断肠人在天涯"。而我凭借露台、舞楼看到的是路漫漫兮山重水复，吾求索兮柳暗花明。就在这山重水复里，中国戏剧百折不挠地跋涉；就在这柳暗花明里，中国戏剧绽放出万紫千红的春色。

竟有露台尚存世

露台能够存世，真是人寰奇迹。若不是亲眼所见，塞给我什么资料，我也不敢相信。露台，在这里是专门所指，即露天的戏台。有资料记载，中国露台最先出现的时代是宋朝，多由石头或枋木建成，用于演出戏剧。古人曾由此衍生出"露台子弟"一词。露台子弟，显然是演员的意思，却不是官方的演员。这资料不算武断，而是有所依凭的。查考宋朝孟元老笔下的《东京梦华录》，已写下"露台"一词。他在"元宵"条目中写道："楼下用枋木垒成露台一所。"据此而说宋代不乏露台自然无可非议，但是，若说露台始生于此时，恐怕还是有些武断的成分。

在我眼里，露台是戏台的先祖，戏台是戏剧的载体，伴随着戏剧而始生、而兴盛。中国的戏剧史漫长悠久，戏台一路走来，也就悠久漫长。尽管用现在的眼光打量，再阔绰的露台也逃不脱简陋的范畴，但在遥远的往昔，露台的出现竟算是时代的奢侈。之前，众生也歌舞演出，但多在平地而为。若是追根探究，仅能探究出撂地舞场，顶大也只是个歌舞宛丘。

撂地舞场，该是最早的戏场了，但那不是人为设计的，只是选择一块空地，围场作戏，百兽率舞。这样的舞场，跨越时空再难寻到了。若是想再现，我们不妨走进康庄，细细领略一下《击壤歌》碑石下的往事。

康庄如今是临汾城边的一个村落，上古那个时候却离都城平阳还有不近的一程路。帝尧从他那土台垒筑、采椽不斫的宫殿出来，从他那土墙围筑、矮屋密布的都城出来，一步一步挨近了这个小庄。

抑或那是个秋日，抑或还是个丰收的秋日，帝尧钦定历法，粟禾收多了，人人吃饱了肚子。不然，康庄的路口怎么会有那么多老老少少拥围在一起呢。

众人在嬉戏。人圈中有位满头银发的长老，手持一块木板，正在掷打地上竖立的木板。随着长老的抛扔，众人吟诵：

日出而作，

日入而息。

凿井而饮，

耕田而食。

帝力于我何有哉！

这就是大家熟悉的《击壤歌》，清人沈德潜将之收入《古诗源》，而且放在开篇第一首。由此可见，在我们这个诗歌大国里，《击壤歌》应尊称"中华第一诗"。只是，这里我探究的中心不是诗歌，就不再加赘述了。收回目光，探究戏剧，蓦然发现那击壤的游戏里就不乏戏剧的因子。试想，击壤之时，歌之舞之，歌舞不就是戏剧最早的萌芽吗？正是。既然如此，那击壤而歌的大场，岂不就是——撂地舞场。

撂地舞场，确凿无疑的撂地舞场。

撂地舞场有了，宛丘何在？

宛丘，是继撂地舞场后的歌舞场地，是对撂地舞场的发展。

我追寻到了宛丘，不在现实，而在《诗经》里。《诗经》有《宛丘》篇：

子之汤兮，

宛丘之上兮。

洵有情兮，

而无望兮。

……

诗说，你是那么放荡，在那宛丘之上。虽然你有热情，可是没有好的声望。看来这是在贬斥一位公子哥儿。公子哥儿在宛丘上放荡歌舞，引起了众人的恼怒。我们不必考证是哪位公子哥儿，也不必考虑其歌舞是否放荡，只需要注目宛丘。这便可以看出，在那个遥远的年代，这自然的凹凸地带已成为先人巧妙利用的歌舞场地。

宛丘和撂地舞场一样，是先人对自然地理的借助，而没有加进人为的改造。即使还存在，也无法准确指认。露台则不然，它是人为造就之物，而且是为了演艺效果最早打造的产物，是应该能追逐到的。然而，露台之后又有舞楼、乐亭、乐楼等诸多称谓的戏台。戏台，不过就是露台增添了冠戴。露台，既然脱颖为戏台，又何处去寻找原始的真颜？曾一度，我只能在典籍里满足追寻的欲望。

功夫不负有心人，露台总算浮出了水面。那是在《汉书》中，《文帝纪》篇有文：（文帝）尝欲作露台，召匠计之，直百金。上曰：百金，中人十家之产也。吾奉先帝宫室，常恐羞之，何以台为？

没想到这个露台会化为乌有。文帝真是位体谅民情的好帝王，因建造一座露台"直百金"而不兴工，千古罕见。只是先祖的垂范并不能规整后人。汉文帝不干的事情，汉武帝不仅干了，而且干得轰轰烈烈。《太平御览》一百七十七卷记载：汉武帝元封二年，也就是公元前109年，使人于甘泉宫建通天台，高三十丈，"舞八岁童女三百人，置祠具招仙人。祭天已，令人升通天台以候天神"。可以看出，这是座高三十丈，可以容纳三百名女童歌舞的通天台，实际就是座大露台。可惜时过境迁，岁月沧桑，这座大露台也杳无踪迹。

再见露台是在敦煌莫高窟。第112窟《西方净土变》壁画，描绘的正是在露台表演的情景。据说，这种露台表演的壁画在莫高窟随处可见。还有诗文，夜读宋诗，梅尧臣写有：

露台歌吹声不休，

腰鼓百面红臂韝，

先打"六幺"后"梁州"，

棚帘夹道多天柔。

……

诗人不仅收藏了"露台"这一无形的珍宝，而且收藏了露台歌伎的表演。只是，这画幅和诗文与我距离甚远，难道山西大地在历史上没有出现过露台？可能是怕我失望，很快，惊喜就来了。

那一天，我来到芮城县东吕村，本来是想追寻这里三座相连的戏台，没想到，从山门下穿过的时候，看见了右侧墙体上镶嵌的一块碣石。这是块元泰定五年，即公元1328年的碣石，铭文竟是《创修露台记》。我惊喜地阅读密密麻麻的文字，其意为：东吕村关帝庙"殿宇雄壮，庙貌俨然，廊庑昔皆具备，惟有露台阙焉。里人蒙古拈蛮，谨发善诚，愿为胜事，特舍所费之资，命工爨砖琢石，经营创建，不日而成。於戏！斯台既立，若不刻诸于石，恐以岁时绵远，无能光先启后……"我赶紧步入庙中寻找，哪里还能找见昔年的露台！这位蒙古里人的善举，若不是刻石以载，也会随着露台的消失而化为尘埃，好在石头和石头上的文字收藏了这段往事。有了这次偶遇露台石刻的经历，以后再去庙殿，我不会轻易放过任何一块碑石。

很快，又一座露台呈现在我的眼前。那是在临汾市的尧陵，献殿的背后是十三级台阶，拾级而上，面对的是碑廊。内中有一通重修尧陵的碑石，背后线刻着早先的庙貌图。图中不光有献殿、戏台，还有堆高的露台。当然，此露台和彼露台一般，早就化为尘埃了。幸亏我早已不对露台抱有希望，不然还会为之消失而痛心。

谁会料到晋祠竟有露台！真该感谢山西师大戏研所的冯俊杰、车文明先生，若不是他们的提醒我还会视而不见。跨进晋祠大门，绕过水镜台，向圣母殿迈步，一眼就可看到有座突出地面的方坛，砖石高垒，台面平坦，没有顶盖，没有亭楼，正是露台。露台，露天戏台。《说文》曰："露，润泽也。"露台，风霜雨露，无物庇护。只是标牌上写的是：金人台。金人台上有四尊铁铸的金人，金人占据了露台，露台易名为金人台。这似乎是露台的悲哀，其实是露台的侥幸，倘若不是演艺的露台有了新的用项，很可能在筑成水镜台的同时，也就被铲平它用了。无论怎么说，这是一件幸事，"金人"不仅展示了自己，还保留了极易消失的历史。

还有更为本真的露台。这露台在高平市西李门村。西李门村是个多庙的村子，有东庙，有西庙，还有南庙。露台坐落在南庙里，看上去台高一米多，长十多米，宽也就六米多。平展的台面上铺满青砖，年深日久，雨淋风剥，不光青砖多有磨损，那砖缝间的白灰也已脱落。在空中飞旋的尘灰，也许早已厌倦了无休无止的奔波，一有机会着地，便纷纷选择砖缝安身。似应当对另一种选择加以描述，于是，这座古代露台便热闹起来。

此时的热闹当然不会是彼时的盛景，没有百兽率舞，没有顶碗杂耍，也没有参军苍鹘，只是一些无名的花草在演绎着青春的姿色。一溜溜排开去的茵绿纵横交织，把整个台面的青砖勾勒得板块分明。一道道茵绿的线条上，点缀着无数的小红花，远望，如同丝线缀连成的长串珍珠；近看，那一朵朵小红花虽然毫不起眼，却没有一朵因为自己毫不起眼而辜负了生命的绽放。那一刻，我惊呆了！我呆看着这些小花，也呆看着供给这些小花蓬勃生命的露台。

从露台的须弥座上，从露台后面崛起的大殿上，从屹立在大殿的石柱上，我已经清楚知道了生成这古物的时间在金代。也就是说，这座露台跨越了900余年的时间才显现在我的面前。不必去探究那锣鼓喧天、歌舞如潮的年代，那时候的露台正用豆蔻年华供奉着戏剧的欣荣。需要沉思的是，后来呢，后来这寂寥的空落如何打发难耐的岁月，莫非就是那些小花小草的生命演绎，活跃了古老的台面，使这金代露台从来也没有空落、没有寂寥，一直坚挺到今天。

任何猜想和推测都是多余的，重要的是在山西大地有这么一座原汁原味的露台在安卧。露台寂然无言，却在讲述一段遥远的往事，将往事连缀起来，一部戏剧史才算完整，才无可挑剔。

戏剧春潮闹舞亭

春江水暖鸭先知，戏剧春潮何处觅？

舞亭。

山西大地舞亭众多，座座都可以感受戏剧的发展和成熟。

车文明先生在《20世纪戏曲文物的发现与曲学研究》中指出，就在各地纷纷搭建露台的同时或稍晚，山西中南部农村神庙里出现了一种新的演出场所："舞亭""舞楼"……从字面意义看，亭，就是在台基上立柱搭顶，四面透空。名之为"楼"，大约是因其高高在上，类似寺庙里的钟鼓楼之故。

毫无疑问，从"露台"到"舞亭"是一大进步。这一大进步，不仅是演出场所的进步，也是戏剧演艺的进步。这是一个非常有趣的现象，可以用"皮之不存，毛将焉附"类比，有形的戏台是毛，无形的戏剧是皮，有形的戏台总是依附在无形的戏剧上的。如此推演，倘若没有戏剧春潮的波澜壮阔，也就不会有纷纷搭建露台、纷纷建造舞亭的可能。由"露台"到"舞亭"，别看在书页里只要手指稍稍掀动就可以跨越，而在实际生活里可要经历漫长的岁月。至少，我们早已远眺到汉代的露台了。那舞台呢？往早的说也就在宋代才姗姗露脸，中间相隔一千年呀！这一千年中国戏剧在干什么？难怪会迟滞于世界戏剧之后。

纵目世界戏剧史的阔野，中国戏剧的萌发并不迟缓。若是与印度、古希腊的戏剧相比，我们不仅没有丝毫的落后，甚而还要比之更早。中华的戏剧快要万条垂下绿丝绦了，印度和古希腊还只是草色遥看近却无。可是，当人家早已万紫千红春满园了，我们却是"小荷才露尖尖角"。且不说古老的《击壤歌》带来的戏剧气息，虞舜要夔教化年少的孩童，夔"击石拊石，百兽率舞"，不也是戏剧因素的展现吗？研究上古史的专家都说，这是孩童们装扮成各种动物，随着石磬声款款起舞。款款起舞，还要装扮，显然朝戏剧的目标迈进了一步。从后来成熟的戏剧看，装扮无疑是戏剧关键的因素。假如以这样的速度成长，中国戏剧断然不会落后于印度，更不会落后于古希腊。

遗憾的是，戏剧却奇迹般地拐个弯，进入祭祀的场所。《尚书·伊训》"疏"有载："巫以歌舞事神，故歌舞为巫觋之风俗也。"每逢祭祀之际，巫觋就装扮成各种神鬼，手舞足蹈，在无意识的表演中表演得像模像样。即使在《论语》中出现过的乡人傩，也在祭祀的囹圄里徘徊。乡人傩是每年腊月举行的驱除鬼怪仪式，表演者扮饰着傩，头戴凶神恶煞的面具，身披兽皮，手持戈矛，蹦蹦跳跳驱赶鬼怪。戏剧专家视之为"傩戏"，只是这古老的傩戏没有走上舞台，现今还在偏远乡村的胡同里辗转。

究其原因，必然涉及被称为至圣先师的孔子。他没有将戏剧的因素引进戏剧发展的主渠道，却将之固定为规范的礼仪。主渠道里，祭祀表演的基因备受压抑，无法放展肢体，无法挺进戏剧。而主渠道之外的细流，只能九曲十八弯于茫然而混沌的大地。

平心而论，孔子并没有扼杀戏剧的意思，而是要匡正走偏的祭祀。那个年代的祭祀已沦为权贵巧取豪夺的手法。这时候站出来的孔子，矢志向社会祭祀弊端挑战。核心是克己复礼，手法是抵制装神弄鬼，目标是恢复在他看来还算仁爱的周礼，行动是周游列国四处宣讲，主体成果是儒学思想从此诞生，而次生成果则是延缓了中国戏剧的进程。谁也不会想到，同古希腊的僭主庇西士特拉妥一样，孔子也是在兴修一条渠道。庇西士特拉妥的渠道将祭祀的表演因子引导进戏剧，孔子却将其扩散进广众的生活。前者是集中光大，后者是分化弥散。因而，当古希腊戏剧亮相人寰时，我们的戏剧因素却化为吉光片羽遍地闪烁。再要将这些夺目的碎片捡拾起来，粘连为一体，需要的竟是上千年的漫长时间。更何况，捡拾与反捡拾的较劲从来也没有终止。

反捡拾的说法显然是站在戏剧立场上发言的，真实的情形是儒学的传播推广。传播推广最为醒目的有两个时段，一个是西汉时期的"罢黜百家，独尊儒术"，使孔孟之道正式成为政治家打理国事的品牌手段；一个是宋朝理学的问世，将孔孟之道推向了"存天理、灭人欲"的险峰。这两个时段，都不同程度地更加扩散了孔子无意间分散开去的那些吉光片羽。假设没有西汉的"罢黜百家，独尊儒术"，或许百戏杂陈就会大成气候；假设没有理学出现，或许宋代杂剧就会让中国戏剧成熟。可惜，世事从来没有假设，中国戏剧只能在儒学纲常的夹缝里山重水复，曲径通幽。

当然，回顾戏剧艰难生长的过程，也有令人欣喜的亮点，一个是装扮表演的具体化，一个是表演人物的多样化。这两个亮点，在春秋战国时期的楚国已经闪现。一是楚庄王身边的优孟，模仿孙叔敖竟然能以假乱真，简直就是一出惟妙惟肖的宫廷活剧；另一个亮点出现在屈原的《九歌》里，《东皇太一》便如一场角色鲜活的小戏。可惜的是宫廷戏没能走向舞台，屈原笔下的人物表演只能供少数专家学者窥视，中国戏剧还要在狭小的圈子里打转转。

在中国戏剧史的链环上，不能缺少了百戏杂陈和歌舞小戏。但无论是百戏杂陈，还是歌舞小戏，抑或是禁锢在宫廷，抑或是"拘禁"在狭小的市井瓦棚。百戏杂陈在汉代才出现，《总会仙倡》那场景盛大的歌舞表演，《东海黄公》那情节简单的搏击武打，明显走出了随兴发挥的表演，进入了预先编排的程序。这"规定性的情景"，又是戏剧发展的一个里程碑。

光大和弘扬这百戏杂陈的情景，中国戏剧的成熟便会指日可待。然而，中国戏剧没有坐直通车，而是在朝代更迭中不断换乘车辆、延缓时间。因而，直到南北朝至唐朝，歌舞小戏才掀开她的红盖头，出现了《踏摇娘》和参军戏。尤其是参军戏，里面分开了角色，一个被嘲弄者参军，一个嘲弄者苍鹘，这被视为戏剧"行当"的最早雏形。参军本是曹操创建的一种官职，魏晋南北朝延续此职，相当于县级幕僚。《太平御览》中记有后赵石勒参军周延因贪污几百匹黄绢，遭罢免入狱的故事："石勒参军周延，为馆陶令，断官绢数百匹，下狱，以八议，宥之。后每大会，使俳优著介帻、黄绢单衣。优问：'汝为何官，在我辈中？'曰：'我本馆陶令。'斗数单衣曰：'正坐取是，故入汝辈中。'以为笑。"看似一个搞笑的故事，其实是在警示官吏的贪腐行为。

这里姑且不论参军戏的内容，关键是远在南北朝"行当"就出现了，已经趋近戏剧的形态了。可不知缘何，到了宋代还在百戏杂陈。百戏杂陈，也需要演出场所。露台，显然曾是演出百戏杂陈的场所。可是。随着百戏杂陈的兴盛，或说观众对百戏杂陈的欲求，更为适应演出的场所应运而生，这就是舞亭。按照多数戏剧史料的认识，舞亭早已消失，再无遗迹。对此，我无疑义，不过有一点浅见与之不同，我以为金元戏台或多或少都带着宋代舞亭的痕迹。现在，就让我们注目一下泽州冶底村东岳庙元代舞楼、临汾市尧都区魏村牛王庙乐亭和翼城县武池村乔泽庙元代舞楼。

泽州冶底村东岳庙元代舞楼，始建时间已无法确认。现在能够找见的证据是《重修岱岳庙记》。需要说明的是，冶底村东岳庙也有"岱岳庙"之称。碑刻铭记的时间为元至元十一年，即公元1274年。该舞楼坐南朝北，十字歇山顶，可以三面观看。面阔、进深各5米左右，平面为正方形。台基高1米，四周有砖砌花心护栏。四根方形凹角沙石柱立于四角，顶戴屋冠。外观翘檐飞角，斗拱层叠支撑；内瞻藻井重架，方井、圆井和八角井躬体捧顶。如此建构，结实而精巧。

临汾市尧都区魏村牛王庙，亦名三王庙，民间称是祭祀牛王、马王、药王的庙宇。戏台始建于元至元二十年，即公元1283年；至治元年，即公元1321年重修，略迟于冶底村舞楼。形制与前者大致相同，也可三面观看，体量稍大，面阔、进深分别为7.45米和7.55米，台基高1.15米，四角也有立柱。叠架屋顶的斗拱用材宏大，更见力度。藻井虽不见冶底舞楼的圆井，但是有宋代常用的斗八井，即紧挨屋顶的一层由方形井和斗八井构成。如此，更加华丽，更加美观。

翼城县武池村乔泽庙元代舞楼，始建于元泰定元年，即公元1324年。同样坐南朝北，同样可以三面观看，同样约呈正方形，面阔、进深接近，分别为9.38米和9.25米。台基增高到1.8米，四梁八柱，角檐微翘，举折较高，三面敞朗，使之气宇轩昂，更见威势。在现存元代戏台中，唯有这座体量最大、规模最大。

稍加留意便可发现，这三座舞亭有一个共同点，即三面开口，三面均可观看。请原谅我武断地将之都称作"舞亭"，实在是缺少了三面的围墙，远观近看，其形姿都近似于亭子。这即提示我们，三面能够观看固然方便，可肯定演出的不是故事连贯、情节起伏的戏剧。更趋近的可能是歌舞杂耍。由此，我想起《东京梦华录》有这样的记载：

驾登宝津楼，诸军百戏呈于楼下。先列鼓子十数辈，一人摇双鼓子，近前进致语。多唱《青春三月蓦山溪》也。

唱讫，鼓笛举。一红巾者弄大旗，次狮豹入场，坐作进退，奋迅举止毕。次一红巾者，手执两白旗子，跳跃旋风而舞，谓之"扑旗子"。

及上竿、打筋斗之类讫，乐部举动，琴家弄令，有花妆轻健军士百余，前列旗帜，各执雉尾、蛮牌、木刀，初成行列，拜舞互变开门夺桥等阵，然后列成"偃月阵"。乐部复动《蛮牌令》，数内两人出阵对舞，如击刺之状，一人作奋击之势，一人作僵仆。出场凡五七对，或以枪对牌、剑对牌之类。忽作一声如霹雳，谓之"爆仗"，则蛮牌者引退。

烟火大起，有假面披发、口吐狼牙烟火、如鬼神状者上场，着青帖金花短后之衣，帖金皂裤，跣足，携大铜锣，随身步舞而进退，谓之"抱锣"。绕场数遭，或就地放烟火之类。

又一声爆仗，乐部动《拜新月慢》曲。有面涂青绿，戴面具，金睛，饰以豹皮锦绣看带之类，谓之"硬鬼"，或执刀斧，或执杆棒之类，作脚步蘸立，为驱捉视听之状。

又爆仗一声，有假面长髯、展裹绿袍、靴简如钟馗像者，傍一人以小锣相招和舞步，谓之"舞判"。

继有二三瘦瘠，以粉涂身，金睛白面，如髑髅状，系锦绣围肚看带，手执软仗，各作魁谐趋跄，举止若俳戏，谓之"哑杂剧"。

又爆仗响，有烟火就涌出，人面不相睹。烟中有七人，皆披发文身，着青纱短后之衣，锦绣围肚看带，内一人金花小帽，执白旗，余皆头巾，执真刀，互相格斗击刺，作破面剖心之势，谓之"七圣刀"。

忽又爆仗响，又复烟火出，散处以青幕围绕，列数十辈，皆假面异服，如祠庙中神鬼塑像，谓之"歇帐"。

这就是百戏杂陈的宋代杂剧。果真如此，那三面开口、三面观看的舞亭就是一种必然。若问其由，还是那个道理，戏剧是皮，戏台也好，舞亭也罢，皆是依附之物。百戏杂陈演出的更多是歌舞杂耍因素，无论站在哪个位置都能看得清楚、看得明白，舞亭的流行就是一种必然。

舞亭，中国戏剧发展的一个阶段性标志。

前期的元代戏台不无这种痕迹，恰好勾起世人对百戏杂陈的回忆。

生之矣：千呼万唤始出来

图九　泽州县冶底村岱岳庙元代舞楼

图十　临汾市魏村牛王庙元代乐亭

图十一　襄城县武池村元代舞楼

图九——图十一——图十二

23

里程碑式的元代戏台

丰碑无需石刻字，元代戏台留美誉。

一个在山西本土生长的人，一个尚有爱国之心的人，不能不对元代戏台情有独钟。元代戏台，不只是一个时代的产物，也不只是一种戏剧文物，其负载着让戏剧成熟的责任，犹如梨园戏苑一朵光鲜夺目的报春花。

戏台，当然是对舞亭、舞楼等戏剧台面的统称。金元时期，众多的戏台，众多的称谓，几乎让人眼花缭乱。冯俊杰先生在《山西神庙剧场考》中对此作过详述，除前面所写过的舞亭、舞楼外，还有舞厅、乐厅、舞庭、乐亭、乐楼、乐庭、舞榭、乐棚、歌台、戏楼、乐舞楼、乐舞厅、演戏台等等。元代戏台，自然应涵盖这林林总总的戏台。不过，我这里鉴赏的重点要放在只能一面观赏的戏台上。三面开口的戏台，无疑与舞亭相近，而只有一面观赏的戏台出现，才能标志中国戏剧的真正成熟。

地大物博，这曾经是对中国地理风貌的概括。物博，是一个无所不包的概念，或许主要是指自然物产。倘若要是把人们创造出的物质文化产品也纳入其中，那山西必然会因为戏台而在全国出一把风头。如今元代戏台仅存9座，而这9座竟然一座不落地皆在山西。

独领风骚，独领风骚！

前面在谈舞亭、舞楼时，已经涉及几座三面开口的戏台，这里就再关注一下其余的吧。

永济市董村三郎庙元代戏台，始建于元至治二年，即公元1322年，明嘉靖二十四年（即公元1545年）、清乾隆二十六年（即公元1761年）先后重修。好在重修没有毁坏原来的形制，依旧坐南朝北，依旧单檐歇山顶，依旧四角立有粗大的圆木柱，依旧斗拱重叠。只是屋顶不见雷公柱，屋架不再建藻井，而且有了前场、后场之分。总共进深6.8米，其中前场3.85米，其余为后场。

石楼县张家河村殿山寺圣母庙元代戏台，始建于元至正七年，即公元1347年。这是元代戏台里最小的一座，面阔仅有4.65米，进深仅有4.3米。台面缩小，台基虽不算高，也就1.5米，却显得高大好多。四角立圆木柱，和同期戏台无异，斗拱和内部构件没有那么繁复，梁架简单了不少。如今脊枋上仍留有题记："大清光绪三十年岁次甲辰捌月初四日吉时上梁"，显然经过重修。所幸，重修不是重建，没有破坏原先的形制，使之同样具备名列国家重点文物保护单位的资格。

临汾市尧都区王曲村东岳庙元代戏台，始建于何年已找不到确凿记载。而且若是站在场地中心观看，已没有元代戏台的模样，反而与明清时期的戏台更相仿。之所以认定其为元代戏台，是因为在明清戏台的背后，隐藏着一座元代戏台。这是时代发展的产物，而且是合理继承前人遗产的杰作。看得出，后来的设计建设者是一位好心人，他将元代戏台作为后场，新增部分为前场，既适应了戏剧发展后急需扩大舞台的需求，又巧妙利用了原来的旧物。设计虽在数百年前，但是在处理发展和继承的关系上，其做法不禁让当代人引为榜样。

现在，我们该走近临汾市尧都区东羊村东岳庙元代戏台了。无论是内行，还是外行，看见这座戏台都会眼睛发亮，禁不住仔细打量。吸引人的是其外观的简练和大气，是内在的巧妙与精致。这座戏台始建于元至正五年，即公元1345年，历经岁月沧桑而完整坐落，实在珍贵至极。台基超出台面，使戏台巍然如磐；角柱用石粗壮，使顶冠稳固庄严；梁架藻井连环，使构件精致典雅；屋顶装饰多样，大吻、套兽、垂兽、戗兽、脊兽、悬鱼、惹草，应有尽有，美观大方。毫无疑问，这在元代戏台中首屈一指。当年，罗哲文先生前来，俯仰观赏，连连拍照，相见恨晚之情溢于言表，久久不愿离去。

对元代戏台就不必一一列举了，只是有一个关键千万不要忽略。以上这几座戏台都只是一面开口，都只能一面观看。戏台在不经意间发生了变化，那是因为戏剧发生了变化，戏台根据戏剧的变化而变化。从宋代的百戏杂陈，到元代杂剧，中间经过了一个金院本时段。这一个时段在历史上不算长，在中国戏剧史上却无法删改。金院本演出还有过去的优伶逗乐，还有宫廷的插科打诨，却少了杂技类的表演。故事突出了，情节明朗了。王国维在《戏曲考源》开篇就指出"戏曲一体，崛起于金元之间"，明确指出戏剧起源于金元杂剧。在金中都时期，金院本作为古代戏剧文化达到空前鼎盛，为中国戏剧的继续发展铺平了道路。

铺平了哪段道路？研究戏剧史的学者多认为有两点：首先，演出形式有了上、下之分，后来演艺界给予固定术语，即出将、入相，我们这本书正是遵循这一规矩，从出将开笔，至入相封笔；其次，金院本有了脚色分行，为元代旦、末、外、净、杂的角色划分率开先河。这一阶段虽然不长，但如同过河的渡船和桥梁，意义非同寻常。

不过，每临元代戏台，很少能勾起我逻辑式的抽象联想，常常想起艺术化的形象模样。眼前萦绕的要么是载歌载舞的场景，要么是滑稽逗乐的场景，要么是说说唱唱的场景。这三种场面源远流长，从岁月深处曲曲折折而来，渐渐交汇融合。融合的过程中，每种因子都在淡化，每种因子都没消失，每种因子都聚集在一条新开的渠道里，这就是连贯的故事情节。开此先河的应该是董解元，代表作当然是在山西水土上生发出的崔莺莺和张生的爱情故事，名曰《董解元西厢记》。戏文从张君瑞过黄河入晋写起，到普救寺与崔莺莺巧遇，经过入寺倾心、寺庙被困、法聪递信、将军解围、西厢待月、客馆拷红、长亭送别、村店惊梦、郑恒传谣、崔张出走等情节，到最后两人终成眷属。情节多是平常事，波折回转扣人心，可以设想登台演唱肯定喝彩连声，大受欢迎。不要说那时的人们，跨越时空的我阅读剧作还手难释卷，时不时就想欣赏一段。

且不说唱词，仅场景铺垫，董解元就写得真真切切："祥云笼经阁，瑞霭罩钟楼。三身殿琉璃吻，高接青虚；舍利塔金相轮，直侵碧汉。出墙有千竿君子竹，绕寺长百株大夫松。绿杨映一所山门，上明书金字版额，簸箕来大，颜、柳真书，写'敕赐普救之寺'。秀才看了寺外景，早喜。"见到如此堂皇寺院怎能不喜，不是秀才喜欢，别人也一样喜欢。

写莺莺的情思，董解元写得情真意切："滴滴风流，做为娇更柔，见人无语便回眸。料得娘行不自由，眉上新愁压旧愁。天天闷得人来煞，把深恩都变做仇，比及相见待追求，见了依前还又休，是背面相思对面羞。"好一个"背面相思对面羞"，把怀春女子的微妙心思刻画得细腻精到。

写张生接到莺莺书束后的情状，董解元写得急切缠绵："清河君瑞，读了嘻嘻地笑不止。也不是丸儿，也不是散子，写遍幽期书体字。叠了舒开千百次，念得熟如本传，弄得软如故纸。也不是闲言语，是五言四韵、八句新诗。若使颗朱砂印，便是偷情贴儿，私期会子。"如此精微，真是贴着人的心魂浇美酒啊！

不必再看下去，到此就已觉得情感如波澜，汩汩滔滔，奔涌而来，不由人不随着波澜旋卷。旋卷的何止是观众，是整个梨园，是当时的整个演艺界。不管戏剧专家如何看待、如何评价，我都以为《董解元西厢记》是中国戏剧舞台上的一股巨浪，搏击着陈规陋习，搏击着百兽率舞，搏击着驱鬼傩戏，搏击着百戏杂陈，这一切久有的演技被优美故事，被婉转情节，搏击得碎若水沫，再难聚拢。用当下的情景去猜度古人的事体，《董解元西厢记》是时尚的潮流，这潮流汹涌澎湃，岂是既往的俗流能够抵挡的。

既往俗流无法满足观众的欲望渴求，顺流者昌，逆流者亡。尽管改朝了，宋变金，金变元，朝代几经更替，但是，观众渴求的欲望没有改变。中国的戏剧舞台注定要上演大戏，元杂剧的时代必将到来。

石君宝是不是捷足先登者，我不敢断言，但我敢断言，他写的大戏《秋胡戏妻》众生一定喜欢。《秋胡戏妻》第一折是悲剧。贫家子弟秋胡头天新婚，次日正请岳父、岳母在家里吃喜酒，忽然闯进一队官军，抓了秋胡要他从军，一场喜庆马上破碎了。秋胡无奈，母亲无奈，梅英无奈，梅英父母也无奈。眼睁睁看着秋胡被抓走，梅英父母也泪汪汪离去，门庭顿时变得凄凄冷冷。第二折是苦剧。秋胡走后，梅英和婆婆相依度日，家里一应苦活都是自己干。身苦不说，还要再添一份精神痛苦。李大户看中梅英有几分姿色，竟然要娶她为妻。好马不吃回头草，好女不嫁二夫郎，知书达理的梅英岂能顺从。李大户娶亲的花轿鼓乐闯进门里，梅英不仅不从，还骂得李大户狗血喷头："你瞅我一瞅，黥了你那额颅；扯我一扯，削了你那手足；你汤我一汤，拷了你那腰截骨；掐我一掐，我着你三千里外该流递；搂我一搂，我着你十字阶头便上木驴。哎！吃万剐的遭刑律！"第三折是闹剧。十年后，秋胡回来了，官加中大夫，还带着个金饼，真是衣锦还乡。走至桑园，看见一个美貌娇娘采桑叶，竟然神魂颠倒，上前调戏，要给人家当个女婿。居然厚颜无耻地说："小娘子，这里左右无人，我央及你。力田不如见少年，采桑不如嫁贵郎，你随顺了我吧！"娇娘不从，秋胡灵机一动，送给金饼。岂料娇娘还是不从，像骂李大户那样破口大骂，秋胡讨了个无趣。第四折是个喜剧。喜剧却从气愤开始，秋胡回到家里，才发现调戏的不是别人，竟是自己的妻子。梅英见到秋胡，气愤至极，拒不相认。若不是婆母要寻短见，事情可能还会僵持下去。碍于婆母的劝解，梅英委曲求全，离别十载的夫妻总算破镜重圆。

　　《秋胡戏妻》本是汉代刘向《烈女传》中的一个故事，石君宝抽拔出来炮制成一出好戏。好就好在辛辣尖锐地讽刺了元朝统治者，揭示了官吏的丑恶嘴脸。秋胡本是个老老实实的贫家子弟，可是一旦从军为官，就变成个淫邪的小人。相形之下，居家与婆母苦度时艰的梅英品操高尚，值得效仿。梅英贫苦度日，任劳任怨，即使李大户威逼再嫁，她也恪守贞操；即使突然闯进来的官吏用富贵荣华引诱，她也没利令智昏。绝妙的讽刺，绝妙的针砭，底层民众操守贫穷和良知，上头官员横行腐化和无耻。这是对元朝统治者何等尖锐的抨击啊，如此抒发众人的心声，观众怎能不欢迎！

　　何况，这番心声石君宝不是直接喊出嘴的，而是用曲折的剧情演绎出一个发人深省的故事。看到新婚的秋胡被抓从军，谁不气愤？看到苦累的梅英被李大户逼婚，谁不揪心？看到升官的秋胡调戏妻子，谁不憎恶？气愤地看，揪心地看，憎恶地看，看看这剧情如何变换，想想这世道如何改变，谁能不喜欢这戏。

喜欢这戏就去看，还想早点去看，抢个好位置去看。我童年时就经常干抢位置的活，不是抢，该说占，谁去得早，靠近戏台的位置就是谁的。当然，元代初期，人们占位置和我童年时不一样，他们要占正面，不能再像以往一样站在侧面。侧面观看，看不清演员的颜脸表情，就看得稀里糊涂。如此，正面人满为患，侧面观众寥寥无几。人们喜欢新生的戏剧，也呼唤新生的戏台。在众生的呼唤声中，戏台新生了，侧面封堵了，正面加宽了。这样就有了——

王曲村东岳庙戏台；

东羊村东岳庙戏台；

董村三郎庙戏台；

张家河村殿山寺圣母庙戏台；

……

灿若群星，遍地闪烁！

势若丰碑，遍地耸立！

元代戏台耸起一个戏剧走向成熟的时代。

奏声须紫回

旦之篇：百般红紫斗芳菲

百般红紫斗芳菲。

红紫何处寻？芳菲何处觅？

无寻处，无觅处。可寻，可觅，唯文物。

评价中国戏剧的发展、兴盛历程，任谁也摆脱不开山西。山西是戏剧的摇篮，山西是戏剧的源泉，戏剧在这里孕育、落生、成长、茁壮，然后不胫而走，在神州大地处处落地生根。且不说它地，仅就北京元大都这个戏剧中心而言，形成的时间竟然要比平阳那个中心晚几十年。戏剧研究专家的结论从何而来？文物使他们获得了发言权。

生之篇，我们从戏台瞭望到戏剧生成的走向脉流，那还只是开端。本篇让我们再登戏台，再作瞭望，再把山西戏剧的根底与荣盛放眼观看。

泽州戏台知多少

泽州不是山西戏剧最兴盛的地方，却是研究山西戏剧，乃至中国戏剧必须注目的地方。

在山西，泽州不是戏台最多的地方，却是在戏台上最能探究戏剧飞身跨越的地方。

说到泽州的戏台，前面提及过冶底村东岳庙元代舞楼，那只是乍暖还寒时候的一枝报春花。如今存留于泽州大地的还有不少，这些戏台穿过岁月，穿过风云，仍然安稳落卧，随口就可以说出几座：

泽州陟椒村三教堂舞楼，始建于清乾隆十九年，即公元1754年，曾于道光四年，即公元1824年重修。这是一座山门戏台，上面唱戏，下面过人，戏台高坐，气势巍然。梁架木构精细，仍由八角井支撑；屋顶华彩飞扬，黄绿琉璃耀眼。

泽州县大东沟镇辛壁村戏台，始建于清嘉庆十四年，即公元1809年。此台也是山门戏台，高巍严正不亚于陟椒村三教堂舞楼，还不乏雅致。尤其是两侧凌云耸起的钟楼、鼓楼，将之拥围其中，更显得典雅高贵，身份不凡。戏台还附有戏房，不过不在侧近，而在庙外不远处，可以安排几个戏班的食宿，规模可想而知。

泽州县府城村关帝庙戏台，创建于康熙年间。关帝庙里有几进院落，外院和中院都建有戏台，而且都是规模很大的门楼戏台。外院戏台虽遭到破坏，但近年已重建恢复。中院戏台仍是原貌，最有趣的是台前设有观众席，一等座席在正殿前的月台上，可以摆放桌椅，可以接待十位重要的人物；二等座席是看楼，位于院落东西两侧，可以容纳百名妇女；三等座席即台前空地，千人观看也不拥挤。

泽州戏台何止这些，还有西峪村李卫公庙戏台，还有川底村汤帝庙戏台，还有北村娲皇庙戏台，不必细数了，就这已够让人眼花缭乱了，何况在天灾人祸的扫荡中，还有多少被毁于一旦。这一现象不能不引起关注，关注戏台众多的原由，关注原由背后的奥秘。这一关注，便牵扯出一个人来。这个人名叫孔三传，生于北宋时期，约略为熙宁至元祐年间。有人说"三传"不是他的名字，是"多知古书，善书算、阴阳"之意，故称"孔三传"。也有人说，"三传"是因为往日流传由山西故事撰写的《刘知远诸宫调》《西厢记诸宫调》《天宝遗事诸宫调》等诸宫调，都是此人所创的，因他姓孔，故冠名孔三传。无论何种说法正确，诸宫调在中国戏剧史上是千真万确的，而且诸宫调的创制还推进了元杂剧的形成。

诸宫调是在宫调的基础上创制的。宫调是区分声律的，每一个宫调都有所属的曲调。诸宫调离不开宫调，但不是照搬，重在将各宫调中的曲调联套。周贻白先生在《中国戏剧史长编》里讲述，诸宫调在演唱时，不再限于一支曲子，也不再限于一个宫调，而是根据故事情节来选择不同的宫调和曲子，将之连缀在一起。宫调、曲子的选取和更替，依循故事情节，或刚，或柔，或快，或慢，将故事与音乐融为一体，用音乐渲染故事，起到生动感人的效果。如此合成，诸宫调就成为以故事为中心的文学与音乐的组合体。按照学术说法，这是讲唱艺术的一种高级形态。在我看来，这就是过去乡村司空见惯的民间说书。我的童年、少年时期都在乡村度过，那时的群众娱乐除了看戏，就是听书。电影属于奢侈品，乡村一般看不到，只有城市的影院才放映。民间孩童满月生日，老人寿诞庆典，都是请艺人说书。这种形式简便易行，花钱也少，一般农家都能负担得起，非常流行。若不是"文革"中"破四旧"，可能还会流行一段。可是，我绝没有将这种通俗流行的艺术形式与戏剧连在一起，绝不会想到就是说书催化了戏剧的成熟。

那么，泽州大地为什么会出个孔三传？可惜，孔三传的声名鹊起是在如今回望研究戏剧史时，当初他人微言轻，没有人为他作传，没有人记载他的业绩。能够推测的是，他是传统文化和民间文化综合化育而成的，直接受益于北宋著名的理学家程颢。斯年，程颢曾任泽州县令，三年间建立起七十二所乡校、十余处社学，大力提升了泽州的文化品位。北宋诗人黄廉在《行县诗》中形容道："河东人物劲气豪，泽州学者如牛毛。"有这么良好的师教氛围，成长起来一个孔三传自是理所当然。

接着再说，诸宫调这一说唱艺术如何会成为戏剧河道里的主流。原因在于，诸宫调将说唱和故事完美融合，提供了一个在舞台上展示剧情的最好方式。我们再回味一下《董解元西厢记》吧！董解元是金章宗时人，距离孔三传那时要晚百年，对诸宫调的理解和运用已经驾轻就熟。《董解元西厢记》里就套用了"三宫""十一调"。三宫是南吕宫、仙吕宫和黄钟宫；十一调是正宫调、中吕调、道宫调、越调、大石调、小石调、双调、般涉调、商调、高平调和羽调。这些宫调的套用，流畅地将故事演唱下来。

诸宫调为说唱故事拓展出一条崭新的渠道，往后的说唱故事就沿着这条渠道滚滚向前，并且一发不可收。《董解元西厢记》如此，《刘知远诸宫调》如此，《天宝遗事诸宫调》如此，金院本如此，元杂剧如此。恰如翁敏华在《中国戏剧》一书中所说："北杂剧的音乐体制与文学体制是相辅相成、互为表里的。简而言之，可谓'四套一单曲'。"在这里，"套"是指同宫调两支以上不同曲调的音乐连缀体。一套曲子，既要遵守同一宫调，还要一韵到底，有头有尾，这样才会有山间溪水潺潺、大河涌流悦耳的效果。这就形成了一套曲调一个段落的模式，一个段落就是一折。元杂剧飞花泻玉，水到渠成，"四折一楔子"渐成固定模式。除个别剧本五折、六折外，多数都是遵循四折的套路。

如今阅读元杂剧戏文，诸宫调的韵致还会扑面而来。2012年，我参与中国历史文化名人传记的写作，为给关汉卿立传，我细细阅读他的剧本，他那最有名的剧本《感天动地窦娥冤》无处不流淌着诸宫调的韵致。第一折使用【仙吕】一套，共有【点绛唇】等九曲，

图十六 — 图十七 — 图十八

■ 图十六　泽州县陟椒村三教堂清代舞楼看楼

■ 图十七　泽州县孚璧村舞楼

■ 图十八　泽州县府城村关帝庙剧场

以【赚煞】结尾，押"尤侯"韵；第二折使用【南吕】一套，共有【一枝花】等十曲，押"齐微"韵；第三折使用【正宫】一套，共有【端正好】等九曲，押"寒山"韵；第四折使用【双调】一套，共有【新水令】等十曲，押"皆来"韵。每折用一套曲，韵律一致，唱起来恰如行云流水，故事萦绕其中，何等快哉，何等美哉！

回望孔三传，品吟诸宫调，自然不难领会泽州为啥会戏台众多，无疑是因为这里有深厚的戏剧文化积淀。这积淀是滋养孔三传的土壤，是哺育诸宫调的雨露。有了这深厚积淀，泽州大地的戏剧文化才会源远流长。流到孔三传那里激溅起绚丽多彩的浪花，又欢悦着向前，不断涌流。戏剧的魅力吸引着一代又一代人，代代挚爱，传承不断，才会有遍布泽州的戏台。

唱红解州关帝庙

突兀，这标题有点突兀。戏剧怎么会唱红解州关帝庙？解州关帝庙早就有，初建于隋开皇九年，即公元589年。戏剧像模像样早也在宋代，如何能给关帝庙添光加彩。

还真是戏剧给关帝庙添光加彩了，还真是戏剧唱红了关帝庙。先不要急于揭开这个谜底，顺便去关帝庙观瞻一下戏台。

解州关帝庙有两座戏台，两座都很巧妙的戏台。首次去关帝庙，穿门而过，回头一看，面对的是一座戏台。再往里，穿过御书楼回头一看，面对的又是一座戏台。这戏台和熟识的那些戏台不一样，和常见的山门戏台也不一样。中间留有缺口，是一条行人通道，通道两侧都是平台，搭板就可唱戏，因名"搭板戏台"。巧妙就在这里，戏不开场，戏台中心可供人来人去、进进出出。观众落座，搭起木板，一场大戏就可开演。两座戏台都在中心位置，却没有多占地盘，珍惜土地由此也可窥得一斑。

先看内中的御书楼，始建于清乾隆二十七年，即公元1762年。从门中穿过，下台阶时可以看到两侧留有铺设台板的槽口，可能嫌台面不够宽阔，在台基外一米多的地方立有四根木柱，木柱和台基齐平的地方，开有方形槽眼，而台基处留有槽口，可以把木板插进木柱架宽台基，这样戏台便开阔了。古人既精明，又精细，要节省土地，自有节省的办法。

关帝庙大门也称雉门，也有几乎相同的台面，只是木柱没有搭板的槽口，可台基宽了好多，显然往外搭板不必要了。这雉门创建于清宣统三年，即公元1911年，比御书楼迟了100多年。在同一座庙里为啥要建两座戏台？懂行人说，关帝喜静，夜里要在后楼上读《春秋》，后楼也就名为"春秋楼"。春秋楼离御书楼很近，难免不惊扰关帝的逸兴。所以，增建雉门戏台，不再在御书楼唱戏。这好像有些滑稽，岂不知，自打关老爷由侯封帝，由人为神，民间对他的禁忌也就多了起来。别的不说，只说唱戏。明、清两朝都有"优人不得以前代帝王为戏"的规定，这是要维护皇家尊严。于是，关帝也受到"牵连"，因为明神宗已经把关帝封为"三界伏魔大帝神威远震天尊关圣帝君"，既是帝君，就不能以之为戏，可民间又喜欢看关戏，怎么办？没想到竟折衷为凡是演关羽的戏一律以"关平"相称，关平小子居然仗着老子的名声威风了好长时日。

不只是称谓，扮演关帝亦有颇多讲究。首先要给关帝涂红脸，表现他的忠心赤胆、参天大义；在红脸上画卧蚕眉，表忠厚威严；描丹凤眼，表智勇聪慧；挂五绺须，表成熟老练；还要在脸上描画七个小黑点，据说关帝曾打过铁，火星溅到脸上烧了七个伤疤，也有人说不是这样，关帝是上天的星宿火德星君转世，脸上带的是北斗星，真是越说越玄乎。其次，关帝要戴夫子盔。所谓夫子盔，是他戴的头盔和一般的帅盔不同，也不同于平常的将盔，而是专门为他设计的，黄绒球、绿盔头，还有特大的后兜，两边垂有黄丝穗和白飘带，看上去英俊威风。因为关帝是武圣，与文圣孔夫子齐名，这头盔就称夫子盔。再者，兵器是特制的青龙偃月刀，马鞭也是大红色的，当然是象征赤兔马。如果是文戏，少不了还要备一本《春秋》。

有趣的还不止这些，是演出的那些讲究。谁要演关帝，登场前十日就要单室静处，吃斋沐浴，不吸烟，不喝酒，也不能有房事。演出化好妆，必须正襟危坐，不得同他人言谈。上场后，关帝要儒雅稳重，微闭双眼，仅露虚目，千万千万不要轻易睁眼，因为关帝睁眼就要杀人。但这虚目还不能虚而无神，要蓄神聚气，含威不露。关帝走动是龙行虎步，稳健凝重，静留松柏姿，动有雷霆势。与其他剧目不同的是，别人上场要自报姓名，而关帝却自称"关某"，别人称他"关公""君侯"，就连他的对手、敌人也称他为"关公"。这叫法无疑有违常情，可为了尊崇却打破了常情。一来二去，不合情理的叫法也叫成了情理。幸亏其他情理的产生不都这样滑稽，否则这世事岂不乱了秩序。对了，还有件趣闻，据说关帝临出场的时候，戏班拉场人员还要在鬼门道烧一张黄表，保佑演出成功。有一回，运城蒲剧团省了一张黄表就开演了，关帝武打正紧，青龙偃月刀一抡，后把柄竟然飞出数丈，差一点伤了台下观众。吓得慌忙停戏，烧表重演。

关帝戏这么难演，不演不行？还真不行。自从关汉卿把他的先祖关云长作为主角推上戏台，关帝戏就像钱塘江涨潮，"雪浪翻空万马奔，震雷余响撼乾坤"，哪里能停得住。牵出关汉卿，话题可就长了。至少要谈元杂剧的勃兴，舍掉谁也可以，唯独不可省略关汉卿。

元代戏剧的成熟是多方面的，以戏剧的尺度丈量，歌、舞、说、演无所不包；以角色的眼光审视，生、末、净、旦、丑无所不有；以矛盾冲突鉴别，情节引发的感情落差无所不在；以戏剧结构观赏，分折演进、外加楔子和散场的形式无所不整。关汉卿对这些都能自由统驭，都是驾轻就熟。不过，最令我称颂的是他笔下撩人心魂的诗意。纵观关汉卿的剧作，无处不闪耀着诗意的光芒。他标榜社会的安宁，将素常的现实升华了："声名德化九重闻，良夜家家不闭门；雨后有人耕绿野，月明无犬吠花村。"他揭示社会的动乱，将粗野的行径提纯为精神的质感："卷地狂风吹塞沙，映日疏林啼暮鸦。满满的捧流霞，相留得半霎，咫尺隔天涯。"他书写男女离别，将无形的悲情描画得历历在目："则明朝你索绮窗晓日闻鸡唱，我索立马西风数雁行"，"休想我为翠屏红烛流苏帐，撇了你这黄卷青灯映雪窗"……不必再更多列举，就这些也可以看出关汉卿的血脉里流淌着诗意的音符。《诗经》《楚辞》、唐诗、宋词，早已内化为他的神魂，他移步张口，都会散发诗情。这是关汉卿一枝独秀于元杂剧作家群的正面因素。如是推理，关汉卿成为元代戏剧大家真乃天经地义。

不，不，非但不是天经地义，还应该说违背世理。出身于解州的关汉卿，满腹诗文，胸富韬略，他的志向是指点江山，治国安民。因而，他对科举的愿望强烈过当时的任何人，至少强烈过元代的任何戏剧作家。他在剧作里一次一次表达对科举的向往，塑造裴度，将之作为自己的精神寄托："我胸次卷江淮，志已在青霄云外。叹穷途年少客，一时间命运乖！有一日显威风出浅埃，起云雷变气色。""我稳情取登坛、登坛为帅，我扫妖氛息平蛮貊，你看我立国安邦为相宰。"如何"登坛"，"登科甲便及第""金榜无名誓不回"。胜券在握的他，"稳情取禹门三级登鳌背，振天关平地一声雷"。这已把关汉卿的科举情结展示得一清二楚。科举入仕，平步青云，是关汉卿久有的夙愿。他梦想鱼跃龙门，"一举成名天下知"。

然而，曾经多彩的梦想顷刻沦为梦幻，迷茫得再难真实。蒙古大军铁蹄踏踏，横扫中原，金国原野生灵涂炭，改天换地。我之所以用"改天换地"，不用"改朝换代"，是因为"改朝换代"无法涵盖这次朝代变易的实质。同建立金国一样，元朝的诞生也是战马铁蹄横扫的成果。大而言之，这与无数次朝代更替大同小异，都是强势取代弱势，或说是一场野蛮实力的角逐。谁更野蛮，谁就会成为主宰者。这有些过头、有些武断，也有凭智慧巧取政权的。不过，那智慧必须"洗心革面"，沦成狡诈，否则，想统辖天下只能是痴人说梦。但不论是靠野蛮夺得天下，还是凭狡诈巧取政权，只要登上龙庭，就必须立即改头换面，举起仁爱的旗号稳定人心，护佑社稷。这逻辑早成为一个磨道，哪一任皇帝都会蒙住国人的眼睛驱赶他们转圈。"蒙眼布"多色多样，科举也算是一块。可惜，元朝就是元朝，愣是不用这块"蒙眼布"，只用"皮鞭"驱使苟活的人推磨。天地沦为罕见的混沌、罕见的黑暗，真正是改天换地啊！

科举化为泡影，入仕化为泡影，青云直上化为泡影，出人头地化为泡影！久有凌云之志、翱翔于诗书天宇、一心要蟾宫折桂的关汉卿，猛然坠落于黑暗凄凉的深渊。这落差实在太大，大得用"天壤之别"说明，也绝无一丝一毫的夸饰。

此时，关汉卿勃发的生命亟待突围，恶劣的处境亟待改变。关汉卿向何处去？关汉卿需要奋斗，或说需要挣扎。但是，再奋斗，再挣扎，也不会科举入仕，也不会一举成名。他犹如凤迷大海、龙锁荒山，迷蒙一团。迷蒙中忽现一丝光亮，循着那光亮走去，一路疲惫走来的戏剧竟然在灯火阑珊处。关汉卿不走向戏剧行吗？

关汉卿走向戏剧必须从关帝庙出发。关帝庙那时有没有戏台还很难说，但那时就比村里的任何大院都宽阔却是铁定的。关汉卿由此感受过先祖的不凡，由此增添过纵横天下的壮志，可惜，空有一腔冲天志，难得一隙报国门。他要写戏，要抒志，要把胸中的憋闷变为一腔豪气，便从先祖关云长入手。于是，一个彪炳青史的大英雄，在关汉卿的笔下屹立于天宇，这就是他剧本《关大王单刀会》的威力。

往日的关云长也上戏台，但很少能走到中心位置。在陶宗仪的《南村辍耕录》里，曾提到金代的三国戏《大刘备》《赤壁鏖兵》《骂吕布》《襄阳会》等，剧中都有关云长出场，不过，他都是陪衬，不是主角。是关汉卿将先祖关云长推举到了中心位置，还让他威武盖世，顶天立地。当然，关汉卿落笔时不会有写戏传世的想法，只是关云长身上暗含着关汉卿的血泪。他不止一次听到，曾经的大宋，万里疆域，国泰民安，可是怎么就在金兵的刀戈之下，顷刻崩溃，溃逃到遥远的南方。他也经常目睹，金国上下，标榜固若金汤，矢志要抵挡蒙古军马的侵扰，可是怎么战马的铁蹄竟如风扫残云，转瞬就改换了朝代呢？金兵的暴虐他没能看见，蒙古军马的嘶叫犹在耳畔，百姓的离乱仍在眼前，想起那血肉迸溅的场面，他的心在颤，他的泪在流，流个无尽头。

关云长身上潜藏着关汉卿的渴望，倘若他能重生，倘若他能挥戈上阵，金兵岂敢暴虐？蒙古军岂敢肆横？大汉子民岂能遭生灵涂炭？关汉卿变成一只啼血的精卫鸟，在剧中呼喊，再呼出一个关云长，用他的胸膛筑起天下万民的防风挡火墙。他蘸着泪书写："咱本是汉国臣僚，欺负他汉君软弱，兴心闹。"他洒着血书写："破曹的樯橹一时绝，鏖兵的江水犹然热，好教我情惨切！(带云)这也不是江水，(唱)二十年流不尽的英雄血！"他挥着笔书写："急切里倒不了俺汉家节！"

一出《关大王单刀会》唱出了英杰豪气，唱响了元代天地。委婉回环在曲折溪流里的千年戏剧，"一语天然万古新"，开始了一个全新的时期。暂且不谈关汉卿在元杂剧里的醒目位置，只说，关帝庙滋养了关汉卿，关汉卿红盛了关帝庙。显然这么说不准确，关汉卿写作《关大王单刀会》时，还没有"关帝庙"之称，顶大也就是个关王庙。关云长生前，曹操封他为寿亭侯，刘备封他为前将军，刘禅追封他也不过是个壮缪侯；宋朝为他增加颇多冠戴，无外是忠惠公、崇宁真君、昭烈武安王和义勇武安王。因而，滋养关汉卿成长的只能是座关王庙。关王庙变为关帝庙，是明朝将关云长封为关圣帝君，一个帝君就改变了他帝王之下的地位，使他也有了君临天下、治国安民的身份。这身份在关汉卿剧本之后。不少研究者都认为后来关云长名声看涨，与《关大王单刀会》的唱响密不可分。

由此推说关汉卿唱红关帝庙不无道理。

当然，我看重的不是这些，而是继孔三传之后，又一位山西人将中国戏剧推向了新的里程。

关汉卿功不可没。

图十九 — 图二十

■ 图十九 运城市盐湖区解州关帝庙雉门戏台

■ 图二十 运城市盐湖区解州关帝庙御书楼戏台

河曲戏台忆白朴

岁华如流水，消磨尽，自古豪杰，盖世功名总是空。

豪杰可以消磨尽，盖世功名若逝水，这世间难以消逝的只有文化。承载戏剧文化的古戏台也一样，也崛然生存。这里不可低估文物部门精心呵护的功绩，但是，呵护总是在存留的基础上着手的。山西古戏台多，多于全国的任何一个省、市、自治区。而且，这些戏台广为分布，不独中南部星罗棋布，即使在北部那山水最为开阔的地方，戏台不时就会露出沧桑的容颜。

一进宁武县二马营村，隐约感到会有戏台沉稳坐落，像是痴痴等待知音来觅。引发这种感觉的是悠长的中心村巷，两侧的房屋没有一座是当代贴着瓷砖的光鲜颜脸。粗略一看，这些房屋都有些苍老，甚至还很低矮，并不招人喜欢。可是，若换一种眼光，喜欢还来不及呢！这些低矮的房屋，前脸都是木板，一如平遥古城里那些明清铺面。显然，这是些商铺，而且还是历经岁月风尘的商铺。这样的商铺，找见一座都很珍贵，暮然间就置身于一群之中，那滋味如饮陈年老酒，真是酒不醉人人自醉。醉里猜测千百度，约略觉得这是前人走西口的一条要道。当年风尘仆仆的人们，会在这里歇脚宿店，给自己填饱肚子，给骡马添足草料。当然，还会睡上一个酣甜的美觉。

睡觉前干什么？按照当今人们的习惯，晚上要找点高兴的事。所以旅游就不只是旅和游，扩张为"吃住行游购娱"。游，不过是六点要素的其中之一。娱，则不可缺少。以今人之心，度古人之腹，他们大抵不可缺少娱乐。娱乐什么？自然就少不了看戏。那个时候，看戏就是最好的娱乐，最好的娱乐就是看戏。以此推及，二马营村没有一座戏台是说不过去的。

45

果真不假，二马营村广庆寺里有座戏台，还是明代初年的建筑，成化十四年，即公元1478年重新修复。戏台为单檐歇山顶，面阔三间9.3米，其中明间5.1米，进深两间6.4米，有圆木柱支撑。屋顶梁架可用这么几句术语传真："斗拱四铺作单下昂，耍头蚂蚱头，衬方头亦伸出，刻作麻叶云头。""屋内抹角梁比较粗大，上承大角梁、仔角梁、踩步金梁。五架梁通达内外，上设驼峰，支撑平梁，平梁上置角背、童柱、叉手，支顶脊槫。"内行人一看就知道是货真价实的明代戏台。有了这戏台，走西口的路上便减却一份乏味和困顿，增添一份快乐和欣慰。

走西口的路上，驿站不止一处，戏台也就不止一座。出山西地界，要过杀虎口，这里有"晋地北大门"之称。杀虎口属于右玉县，马营河村也有一座明代戏台。明代戏台的主要特征基本具备，圆木柱，覆盆础，四周檐柱上施大、小额枋，上施三踩单翘斗拱，四角设角科，后檐只设柱头科，其余三面设柱头科、平身科各一攒，耍头刻作华拱，撑头木刻作大象头。前檐明间平身科出斜拱，撑头木刻更上档次，是雕刻精细的龙头。冯俊杰先生赞誉该戏台"典雅雄丽"。远看比例匀称，近观装饰秀美，活像戏台上一位颇懂诗文的小生，而且还是旦角扮演的小生。站在这座戏台上，别说唱戏，就是唱一曲《走西口》也很动人：

哥哥你走西口，

小妹妹那个实难留。

有几句痴心的话，

哥哥你记心头。

走路你走大路，

不要走小路，

大路上的人儿多，

拉话解忧愁。

杀虎口这戏台令人过目难忘，更令人过目难忘的是应县的一座戏台。多数戏台都在庙里面，金城乡寇寨村这座清代戏台却建在庙外。虽然建在庙外，却比建在庙中的戏台对神灵还要虔敬。这戏台北面朝向周公庙，南面朝向菩萨庙，一场演出，可娱两位神灵，实在高明。更高明的是专家们，为其赐予个温柔曼妙的名字：鸳鸯台。此座鸳鸯台建造得比较简朴，并不热眼，圆木立柱，鼓镜柱础。构件上不见斗拱，七架梁直通前后，分心用三柱。五架梁几乎与七架梁重叠，没有三架梁，用瓜柱直接支撑。简朴，简朴得有点简陋。可是看看村里矮小的房屋，就会大受感动，能建造这样的戏台也是举全村之力啊！足见建造鸳鸯台的高明之举，不是为了高明而作秀，是农家过日子趁家所有、量力而为的产物。这鸳鸯台，从外形，到内涵，都使人过目难忘。

不过，在山西北部众多的戏台里我最为钟爱的是河曲县古渡口的河神庙戏台。论资历，这仅是座清代戏台；论建造，也不算特别精致。当然，若是与寇寨村戏台相比却阔绰了好多。前檐一般，圆木柱，鼓镜础。有斗拱，而且是五踩双昂。出彩的是雀替，明间为二龙戏珠，次间为骑马花牙。两侧的平柱上挂有木牌楹联，联曰：

一船风拥入这般风景；

三乡情溢出那段情由。

这是一副很美的楹联，具有朴实之美、通俗之美。口语入联，毫无华丽辞藻，却不失文雅。楹联，是庙宇、戏台的常见之物，却不是必备之物。不过，也莫小看其作用，往往一副楹联起到的是画龙点睛的作用，会将主人的主旨告给世人，会透露一方水土的文化底蕴。河曲戏台有这么朴实而又文雅的楹联，自然有其超然异域的丰蕴文化。说到此早有人偷着发笑，你不就是要点出白朴吗？正是。

元杂剧四大家之一的白朴就是河曲人氏。这里有必要说说元杂剧四大家。学术界公认关汉卿、白朴、郑光祖、马致远是元代杂剧四位大家。他们代表了元代不同时期、不同流派的杂剧创作成就，也称为"元曲四大家"。这么看山西水土的不凡、文化的深厚，便凸显得一清二楚。元曲四大家，山西竟有三位，岂可等闲视之！前面我们将关汉卿出道的情况作了简要介绍，现在就走近白朴吧！

白朴的行迹，我想用八个字概括：颠沛流离、飘泊游历。颠沛流离，是他的青少年时期。他出身于官僚士大夫家庭，伯父白贲为金章宗泰和三年，即公元1203年进士，曾做过县令，是个诗人；叔父没有入仕，写诗也有名气；父亲白华是金宣宗贞祐三年，即公元1215年进士，官至枢密院判。白朴在官宦人家、书香门第出生，日子应该优游闲适，诵读经典、博取功名才是人生正途。遗憾的是，他和关汉卿无异，深陷于"改天换地"的兵荒马乱，而且，蒙古大军铁蹄滚滚踏来时，他仅有七岁，比关汉卿小十岁的他从此流离失所。蒙古军包围汴京，位居中枢的父亲白华，整日为金朝的存亡而奔忙，每天焦头烂额，哪里有暇顾及妻室儿女？天兴元年，即公元1232年，蒙古军攻打汴京，金哀宗弃城逃走，却谎称出城作战。白华只身随哀宗弃城而走，留在城中的白朴和母亲惶恐不安。次年三月，蒙古军进入汴京，肆意抢掠，杀戮无辜。慌乱中母亲不知去向，姐姐抱着年幼的白朴流泪痛哭。

危急关头幸有贵人相救，父亲的好友元好问收留了白朴姐弟。白朴的幸运不只因为在乱兵和饥荒中，元好问救了他们的性命，而且，流寓聊城，稍加稳定，元好问便教他读书习经，作诗对句。白朴跟随着元好问流离，父亲白华则在战乱中流亡。金朝灭亡后，白华先委身南宋，做了均州提督。时日不久，南宋均州守将投降蒙军，白华随之易号。蒙古太宗九年，即公元1237年，白华偕金朝一些亡命大臣寄寓真定。这年秋天，元好问返回太原，路经真定，闻知白华在此，遂将白朴姐弟送归白华。子女意外失而复归，白华惊喜异常，挥笔写下："今何日，灯前儿女，飘荡喜生还！"又写下"顾我真成丧家犬，赖君曾护落窠儿"的诗句，表达对元好问恩重如山的感激之情。

到达真定，白朴相对安定下来。从此，父亲对窗诵经典，伏案作诗赋，书香陶冶着白朴日渐长大。父亲投身真定，是因为其时经略此地的史天泽深得朝廷重用，相对安定。史天泽见白朴聪明过人，善于诗文，就想举荐他入仕做官。

但是，白朴目睹蒙军肆横杀戮、百姓涂炭的惨象，誓不同流合污。于是，后来的生涯便凝结为四个字：漂泊游历。他先到汉口，再入九江，几年后北返真定。路经汴京，旧地重回，物是人非，凄凄惨惨，不由得潸然落泪。在真定居住不多日，白朴再度南下九江，此后多次往来于洞庭和九江之间。元世祖至元十七年，即公元1280年，白朴才定居在金陵。之后，原配妻子去世，他重返真定。丧事办毕，还有人推荐他去朝中做官，他仍然婉拒。此后，白朴再度南下，多居金陵，却经常在杭州、扬州一带游历。八十一岁时，扬州还留下他的足迹。漂泊游历，一点儿不假。

白朴为何要做闲云野鹤，不做凤凰栖梧桐，占高枝。不用别人饶舌去解读，他有一曲《石州慢·丙寅九日"期杨翔卿不至"书怀用少陵诗语》，已道出他自己的心思：

千古神州，一旦陆沉，高岸深谷。梦中鸡犬新丰，眼底姑苏麋鹿。少陵野老，杖藜潜步江头，几回饮恨吞声哭。岁暮意何如，快秋风茅屋。幽独。

疗饥赖有商芝，暖老尚须燕玉。白璧微瑕，谁把闲情拘束。草深门巷，故人车马萧条，等闲瓢弃樽无绿。风雨近重阳，满东篱黄菊。

千古神州，一旦陆沉，几回饮恨吞声哭，怎能屈居府衙为官作犬奴？白朴不甘委身蒙元朝廷，只能用笔唱心声、诉衷肠。元代戏剧的天地频频出现他的身影最正常不过了。元人钟嗣成《录鬼簿》收录了白朴的剧本：《唐明皇秋夜梧桐雨》《董秀英花月东墙记》《唐明皇游月宫》《韩翠颦御水流红叶》《薛琼夕月夜银筝怨》《汉高祖斩白蛇》《苏小小月夜钱塘梦》《祝英台死嫁梁山伯》《楚庄王夜宴绝缨会》《鸳鸯简墙头马上》《秋江风月凤凰船》《萧翼智赚兰亭记》《阎师道赶江江》《崔护谒浆》《高祖归庄》，共有十五本。如果加上《盛世新声》收录的《李克用箭射双雕》残折，那就有十六本之多。可惜的是，多数已经失传，现在能看到的仅有几本。可就是这几本也能看出白朴的如椽手笔。

黄金缕，碧玉箫，温柔乡里寻常到。白朴是个多情人，笔下少不了爱情戏。现今能看到的《鸳鸯简墙头马上》，便是情意绵长的剧本。剧中写唐人裴少俊奉父亲之命去洛阳选办奇花异草，骑马路过李家后花园，与娇娘李千金在墙头马上一见钟情。李千金志量过人，冲破陋规，自择配偶，委身裴少俊。裴少俊的父亲得知，强行拆散这对夫妻。所幸，裴少俊考中进士，得到官职，不忘旧情，再寻李千金成婚。剧情一波三折，紧扣人心。古今学人钟爱这本戏的很多，认为在封建禁锢森严的元代，白朴能为女子自主择婚而歌，实在是惊天之举。无疑，这剧本在元杂剧中占据重要席位。还有人推崇至甚，以为该剧是白朴的代表作。

先不要武断那是不是代表作，读完白朴的《唐明皇秋夜梧桐雨》再作定夺。剧本是以唐明皇的生死恋为主线展开的。初见倾国倾城的杨贵妃，唐明皇爱得世所罕见，"珊瑚枕上两意足，翡翠帘前百媚生。夜同寝，昼同行，恰似鸾凤和鸣"；爱得"朝纲倦整，寡人待痛饮昭阳，烂醉华清"。爱到深处，"日日醉霞觞，夜夜宿银屏"，长生殿里同话长生，七夕月下海誓山盟："长如一双钿盒盛，休似两股金钗另，愿世世姻缘注定。在天可做鸳鸯比并，在地可做连理枝生。月澄澄银汉无声，说尽千秋万古情。咱各办着志诚，你道谁为显证，有今夜度天河相见女牛星。"真真是三千宠爱集一身，情深到极致了。

乐极生悲，爱极生离。安禄山扯起反叛大旗，哗哗啦啦西风漫卷，周天寒彻，大唐江山瞬忽间风雨飘摇。摇得长生殿几乎倾倒，唐明皇仓皇出逃，逃到马嵬坡发生兵变，"数层枪，密匝匝，一声喊，山摧塌"，杀死杨国忠不说，还把唐明皇心肝宝贝杨贵妃也给做了。唐明皇欲哭无泪，悲恨交加，"不想你马嵬坡下今朝化，没指望长生殿里当时话……恨无情卷地狂风刮，可怎生偏吹落我御苑名花！想他魂断天涯，作几缕儿彩霞。天那！"真真如天塌地陷，悲怆到极致了！

人虽死，情未了，这才有了第四折的新高潮。唐明皇说："寡人自幸蜀还京，太子破了逆贼，即了帝位。寡人退居西宫养老，每日只是思量妃子。教画工画了一轴真容供养着，每日相对，越着烦恼也呵！"此时，形只影单唐明皇思念更甚。"那窗儿外梧桐上雨潇潇。一声声洒残叶，一点点滴寒梢，会把愁人定虐。""洗黄花润篱落，渍苍苔倒墙角。渲湖山漱石窍，浸枯荷溢池沼。沾残蝶粉渐消，洒流萤焰不着。""斟量来这一宵，雨和人紧厮熬。伴铜壶点点敲，雨更多泪不少。雨湿寒梢，泪染龙袍。不肯相饶。共隔着一树梧桐直滴到晓。"真真凄惨，凄惨到极致了！

读到煞尾，情未断，愁未消，犹如春江水滔滔。据此，有人推崇白朴是写作爱情悲剧的圣手；有人评判白朴是抨击皇帝沉湎情爱，奢靡误国。这些说法都没过错。只是，有些简单，将剧本看简单了，将白朴看简单了。白朴不会这么简单，休看他远离官场，漂泊游历，但是"知荣知辱牢缄口，谁是谁非暗点头"。暗点头，自不够，就在剧本里"回头沧海又尘飞"，表明"千古是非心"。千古是非何在？金朝不堪一击，无疑是皇家的腐败。可是，树空要倒，也需要风暴猛刮狂摇。谁在猛刮狂摇金朝？蒙古人。蒙古人自古就称胡人，胡人推倒了金朝，让生灵涂炭，家破人亡。白朴侥幸偷生，骨血里潜藏着万千仇恨。这一番仇恨，却无法出唇、无法倾诉。然而，不倾诉，不一吐心中的块垒，岂不郁郁寡欢，日日难得开心颜。白朴要倾诉，要将一腔愤恨冲天烧。烧哪个？当然不能烧大权在握的蒙元皇帝，只好搬出个安禄山鞭尸。为何要搬出安禄山？剧本开头即开宗明义，安禄山道："积祖以来，为营州杂胡。"祖上是杂胡，杂种胡人也。弄清这个一带而过的"胡"字，就不难理解白朴的一片苦心。是胡人乱中华、乱天下、乱百姓。这当然不是鞭尸安禄山，是在借古讽今，倾吐对蒙元代金、践踏中原的愤恨。而且，扯出唐明皇的奢靡，扯出唐明皇与杨贵妃的万千情缘，让你雾里看花，迷迷蒙蒙，难分是为情而

图二十一　宁武县二马营村广庆寺明代戏台

图二十二　右玉县杀虎口马营河五圣庙明代乐楼

图二十三　河曲县古渡口河神庙清代戏台

图二十一

图二十二　｜　图二十三

歌，还是为恨而唱，白朴不简单，确实不简单。

他诗书丛里且淹留。闲袖手，贫煞也风流。

他青春过了，朱颜渐老，白发凋骚。凋骚也风流。

数百年过去，白朴的风流依旧在，在剧本里，在戏台上。白朴永生在中国的戏苑里、文化的圣坛上。

河曲这黄河古渡口的戏台，如同白氏家族的书卷，洋溢着诗文华彩；如同白朴的一座丰碑，激扬着梨园情韵，恰似黄河流水，波浪翻滚，永不停息，从古代至今天、至明天……

郑光祖故里赏戏台

人杰地灵。

上千年前，从山西大地走出去的王勃，面对滕王阁潇洒笔墨，淋漓尽致。那酣畅的墨色里就突兀出这四个大字。

近些年来，探究一方水土，以及一方水土的历史和文化，我不止一次使用这位乡亲的版权。不过，写下的是：地灵人杰。真是地灵人杰，往往一方水土的特质决定了一方人的气质。黄河曲折前行，柔曼的身姿在那里一曲一折就浸染得土地水灵灵的。水灵灵的土地滋养出的人也就水灵灵的。因而才有白氏家族，才有人杰白朴。

说过白朴，我便想到元杂剧"四大家"的另一位——郑光祖。郑光祖出名于杭州，祖籍却是平阳襄陵。襄陵曾经是县，后来与汾城县合并，成为现今的襄汾县。等于说，郑光祖是从襄汾县走出去的戏剧大家。他自幼饱读诗书，一心要求取功名，但是，仕途坎坷，只做了个微不足道的小官——杭州路吏。官场不得志，满腔报国才干无处施展，于是就将情绪倾泻在戏剧舞台。他填词作曲，寄托幽愤愁绪。他盛年时，元曲巨匠关汉卿、马致远、王实甫、白朴等相继去世，因而，郑光祖便成为梨园耀眼的星光。

郑光祖一生创作了十九个杂剧本，现在留存下来的有《迷青琐倩女离魂》《伢梅香骗翰林风月》《醉思乡王粲登楼》《辅成王周公摄政》《虎牢关三英战吕布》《程咬金斧劈老君堂》《立成汤伊尹耕莘》《钟离春智勇定齐》。那么，戏剧大家郑光祖的故里襄汾县，有没有值得称道的古代戏台呢？

还真有。汾城镇的尉村有座清代戏台，敞敞朗朗，朴朴素素，场地开阔，容纳千人也不拥挤。这里据说是尉迟敬德的职田庄，素有歌舞演艺的习俗。更远还可追溯到春秋时，晋鄂侯被赶出翼城，便栖身此处。瘦死的骆驼比马大，晋鄂侯居此总少不了娱乐，所以有座戏台顺理成章。

　　若是挑选佼佼者观赏，那还是要到汾城镇去看城隍庙戏台。这戏台始建于清康熙四十七年，即公元1708年；光绪十六年，即公元1890年重建。在清代戏台之中，这座戏台称不上名列前茅，也可稳坐前五名。戏台体量适中，造型得体，手法新颖，不是因袭之作。冯俊杰先生在《山西神庙剧场考》一书中这样介绍："舞楼明次间上檐梁头均伸出柱外，置于平板枋上，不施斗拱。下檐分内外两檐，外檐斗口跳龙头或大象头，坐斗雕花，两侧施雕花翼拱。大额枋底部施雕花雀替及四根垂柱，角科由昂雕作伸长舌头的龙头。内檐密布七踩三昂斗拱，与一般清代大木作不同的是，斗拱下面的平板枋不是平置而是立置的，与柱头相交，断面垂直截去。枋底向前平施四根穿插枋……因是移柱造，所以大额枋也没有穿过平柱柱头，而是放在其柱头上面。"这段介绍，基本将这座戏台和一般戏台建造手法的相同和不同勾勒得清楚明白。由此，我很看重这座有所创新的戏台。原因在于，戏台常见，有所创新的戏台不常见。我非常在意这方水土潜在的创新基因。

　　显然，郑光祖就是带着这创新基因远行的，不然他的剧作为何会风靡一时。最为人们赏识的剧本是《醉思乡王粲登楼》和《迷青琐倩女离魂》。《醉思乡王粲登楼》是借助古人的故事诉说文人怀才不遇的苦衷。他笔下"知天文，晓地理，观气色，辨风云，何所不通，何所不晓"，是贤士的难得素质；他笔下"寒窗书剑十年苦，指望缘官折桂枝。韩侯不是萧何荐，岂有登坛拜将时"，是贤士的困顿；他笔下"状气如虹贯碧空，尘埃何苦困英雄。假饶不得风雷信，千古无人识卧龙"，是贤士的愿望；他笔下"我这里望中原，思故里，不由我感叹酸嘶，越搅得我这一片乡心碎"，是贤士的伤感；他笔下"好教我动旅怀，难成醉，枉了也壮志如虹英雄辈，都做助江天景物凄其。气呵做了江风淅淅，愁呵做了江声沥沥，泪呵弹做了江雨霏霏"，是

■ 图二十四　襄汾县陶村戏台

■ 图二十五　襄汾县汾城城隍庙戏台

图二十四—图二十五

贤士的无奈。写的是王粲，何不是郑光祖自己和那一代受歧视、受屈辱的文人贤达的共同处境。再把这落寞悲伤的情感装进一个回环周折的故事里，那当然感人至深。难怪他的剧本写好，即有人演，有人看，有人连声喝彩。

喝彩声最响亮、最持久的是《迷青琐倩女离魂》。若是在郑光祖故里的戏台上看一场这戏那该多过瘾呀！可惜，如此好事可遇不可求，可求的是翻开《元代杂剧选》，便能进入郑光祖铺排的故事情节里面。《迷青琐倩女离魂》也是爱情故事。一听爱情故事，就会有种司空见惯的感觉，不是花前月下卿卿我我，便是人约黄昏海誓山盟，要么就是战火离乱凄凄惨惨，再写也很难跳出往昔的定式。写一部好戏不容易，真不容易。郑光祖却突破了这老茧束缚，一跃而起飞向浪漫主义的自由天地。开场的楔子和第一折是写实，王文举和张倩女指腹为婚。上京赶考前，王文举去张家拜见岳母，岳母要待他金榜题名才能决定成婚与否。张倩女看到王文举一见钟情，即使布衣白身也甘心白首偕老。折柳相送，张倩女深情地唱道："见淅零零满江千楼阁，我各刺刺坐车儿懒去桥，他矻蹬蹬马蹄儿倦上皇州道。我一望望伤怀抱，他一步步待回镳，早一程程水远山遥。"这般伤情煎熬，如何苦度春夏秋冬？还不如"我这一点真情魂缥渺，他去后，不离了前后周遭。厮随着司马题桥，也不指望驷马高车显荣耀。"真情魂不离心上人前后周遭，一片痴情，惹人钦敬。这是本折的要害剧情，也为后来情节发展置好了舟桥。第二折即写虚，张倩女真身染病卧床榻，魂魄飞扬去追王文举。真个是"你远赴京华，薄命妾为伊牵挂，思量心几时撇下。"这只是直白吐露，动人心弦的是唱词："只道你急煎煎趱登程路，原来是闷沉沉困倚琴书，怎不教我痛煞煞泪湿琵琶。有甚心着雾鬟轻笼蝉翅，双眉淡扫宫鸦，似落絮飞花。谁待问出外争如只在家，更无多话，愿秋风驾百尺高帆，尽春光付一树铅华。"与其在家受煎熬，不如相伴赴京华，于是张倩女追去了。第三折回笔写实，有了上一折的浪漫，写实也颇为离奇。说什么张倩女已随王文举进京，却怎么卧房里恹恹无神。"自执手临歧，空留下这场憔悴，想人生最苦别离。说话处少精神，睡卧处无颠倒，茶饭不知滋味。似这般废寝忘食，折挫得一日瘦如一日。"何止是恹恹无神，是病体沉沉，"早是俺抱沉疴添新病发昏迷，也则是死限紧相催逼，膏肓针灸不能及。"蓦然收到王文举书信，"自到阙下，一举状元及第，待授官之后，文举同小姐一时回家。"张倩女一看，气得"痛如泪血流难尽"，昏迷在床不再语。若是看戏，观众肯定好奇地发笑，真身竟和离魂在较劲。第四折是亮出底牌大团圆，想来没啥曲溜拐弯，也就不会再好看。可这郑光祖就是身手不凡，硬是将没啥好看写得分外好看。王文举高中后带着张倩女离魂衣锦还乡，病榻上还躺着真身。老岳母和王文举惊诧不说，离魂还进屋去看真身，"望见首饰妆奁，志不宁，心不定。见几个年少丫鬟，口不住，手不停，拥着个半死佳人，唤不醒，呼不应"。离魂几步上前一附体，病榻上的真身苏醒了。这令老岳母和王文举更是惊诧，不必惊诧，附体后的张倩女焕发精神，兴奋地说："没揣的灵犀一点潜相引，便一似生个身外身，一般般两个佳人。那一个跟他取应，这一个淹煎病损，母亲，则这是倩女离魂。"

倩女离魂，一波三折，好生感人。

感动古人，也感动今人。剧情动人，写法也动人。记得改革开放之初，文学天地豁然阔朗，黑色幽默、魔幻手法、意识流等等，如台风登陆，摧折得传统手法枝败花落。紧紧追赶其后的粉丝，晕头转向，难得要领，只觉得自己落后，传统滞后。如今读过郑光祖的剧本《迷青琐倩女离魂》，谁还敢说传统滞后！是自己无知，接老外的额水当油卖，把自家的金子当砖抛。早在元代，郑光祖便浪漫出了比现代还现代的手法，比先锋还先锋的作品。

郑光祖，几百年过去不见落伍，再过几百年也不会落伍，那前所未有的创新精神如一曲颂歌永远在唱响。

唱响在故里的戏台，唱响在神州大地。

比黄金还珍贵的太原戏台

太原市有两座戏台，在我眼中比黄金还要珍贵。若是五十年前，或者是六七十年前，古代戏台是现在的成百倍、上千倍。有的地方，一个村庄就有好几座戏台。高平市西李门村现在还有三座戏台，就是最好的明证。那是因为，过去祭祀在社里，东社不会去西社祭祀，而祭祀的最高礼遇莫过于给神灵献演一场戏。演戏就要有戏台，所以经济条件好些的村落，有多少个社就有多少个戏台。那景象犹如春花，繁盛似锦。

忽如一夜秋风来，无边落木萧萧下。萧萧下，下得最破败、最灰烬的是城市。城市是政治风暴的策源地、扫荡源，破"四旧"首当其冲，冲得古戏台寥寥无几。太原是山西的省会城市，"文革"时期，古代戏台倾倒、废毁，自不待言。千树万树梨花败，偶见一花也亮眼。因而，我觉得太原的古代戏台比黄金还要珍贵。黄金有价，可以花钱买来。戏台呢？你可以花钱建造新的，却无法花钱造出旧的，造出携带着元明清体温的旧物来。

少谈往事，免得伤感，先看太原市尖草坪区上兰村的戏台。这戏台在窦大夫祠前，始建于清道光十八年，即公元1838年，光绪二十六年，即公元1900年重建。前台卷棚悬山顶，原先可以三面观看，这在清代戏台里并不多见。可惜修复时，将侧面封堵了，从保护的角度看，自然不无好处。从赏鉴的角度看，却抹杀了个性，沦为平庸。

倒是为祭祀窦大夫建造戏台歌舞演艺独具特色。窦大夫名窦犫，为晋国大夫。他循规蹈矩，崇尚礼治，重视教化，竭尽善辩能言之才，倡导礼乐治国思想，在晋国和周边诸国中都有一定影响，被孔子誉为"晋国之贤大夫也"。毋庸置疑，这是一位贤士，然而，晋国人才济济，却少见如此规模的祠堂，何也？又闻，窦大夫治理汾河水患，筑坝开渠，垒堰导水，广开农田，使人们安居乐业，恐怕这才是他享受祠祭，有台看戏的直接原因。千百年来就是这个逻辑，谁心中装着人民利益，人民就会把谁高高抬举。

晋祠水镜戏台，始建于明嘉靖三十四年，即公元1555年，万历元年，即公元1573年重修，清代增建卷棚，堪称山西，乃至全国现存戏台的佼佼者。看一下那形貌，看一下那饰件，就会顿生三千宠爱集一身的美感。可是要描述出来，又有囊中存米清可数的拮据无奈。好在车文明先生曾对此有过写真，不妨撷珠鉴赏："前台圆木柱，额枋较大，明间设盘龙雀替，次间设骑马花牙雀替。不施斗拱，梁头伸出额枋外插垂花柱承檐檩，檐檩下、垂花柱间设挂落。三面额枋伸出之梁头雕作龙头，四角出两层梁头，分别雕作龙头、象鼻。"后台即明代之乐楼，"上层斗拱五踩双翘，柱头、平身各一攒。除与戏台相连的一面外，其余三面皆设围廊，廊柱上施三踩斗拱，明、次间均设平身科一攒、耍头蚂蚱头。内部设天花，圆木柱，素覆盆础，金柱承大内额。前后台间设木隔断、隔扇门，有上下场门。"真是外形大气，内在精致。

那为何此台又名水镜戏台？《汉书·韩安国传》有"清水明镜不可以形逃"的说法。放在此处，无疑是说戏台如清水可显影，如明镜可鉴容，出场的人物，或忠，或奸，或善，或恶，一清二楚，难以掩形。如果这种解释还不透彻，那清人刘大鹏有一副楹联说得更为细致明白：

临回望之广场，飘轻裾曳长袖舞，虽云优孟衣冠，而君君臣臣、父父子子、兄兄弟弟、夫夫妇妇伦理，都从丝竹管弦中抑扬绘出；

呈角抵诸妙戏，著假面拗真腰标，只属侏儒伎俩，则文文武武、鬼鬼神神、是是非非、奇奇怪怪情形，竟自清词丽曲里婉转传来。

此联挂在水镜戏台，再添一份风雅，使之表里如一，典雅华贵。

典雅华贵，敲出此词，蓦然就想起元代戏剧家乔吉。他就是太原人，如同郑光祖一样，多年流寓杭州。他曾写过十一个剧本，现存三本：《杜牧之诗酒扬州梦》《玉箫女两世姻缘》《李太白匹配金钱记》。钟嗣成在《录鬼簿》记载他："美姿容，善词章，以威严自饬，人敬畏之。"又作吊词云："平生湖海少知音，几曲宫商大用心。百年光景还争甚？空赢得，雪鬓侵，跨仙禽，路绕云深。"几曲宫商大用心，终让作品达到"跨仙禽，路绕云深"的境界。既如此，雪侵双鬓又有何悔！

读读乔吉"跨仙禽，路绕云深"的戏剧，是难得的精神盛宴。众所周知，他多是写男女情爱。《杜牧之诗酒扬州梦》，写杜牧与歌女张好好的爱情；《玉箫女两世姻缘》，写韦皋与妓女韩玉箫的爱情；《李太白匹配金钱记》，写韩翃与王柳眉的爱情。故事都写得高贵雅致，毫不低俗。他写杜牧见到张好好的情状是："倒金瓶凤头，捧琼浆玉瓯。蹴金莲凤头，并凌波玉钩。蔡金钗凤头，露春纤五手。天有情天亦老，春有意春须瘦，云无心云也生愁。"还不尽兴，又写："花比他不风流，玉比他不温柔，端的是莺也消魂、燕也含羞。蜂与蝶花间四友，呆打颏都歇在豆蔻梢头。"他写韦皋与韩玉箫相爱的情状是："见一面半面，弃茶船米船；着一拳半拳，毁山田水田；待一年半年，卖南园北园。我着他白玉妆了翡翠楼，黄金垒了鸳鸯殿，珍珠砌子流水桃源。"还不尽兴，又写别离："最苦是相思病，极高是离恨天，空教我泪涟涟。凄凉杀花间莺燕，散东风榆荚钱，锁春愁杨柳烟。断肠在过雁前，销魂向落照边。苦恹恹恨怎言？急煎煎情惨然。"他写韩翃初见王柳眉的情状："这娇娃是谁家，寻包弹觅破绽敢则无纤掐，似轴美人图画。画出来怎如他？这娇娘恰便似嫦娥离月殿，神女出巫峡。"还不尽兴，又往细的描画："你看那指纤长铺玉甲，髻嵯峨堆绀发。可便似舞困三眼柳，端的是这春风恰破瓜。我见他簇双鸦，将眼梢儿斜抹，美姿姿可喜煞。"

读一读，美；再读一读，更美。美得为元杂剧更添风韵，更增典雅。不由得发人深省，元代是个俗社会，可这戏剧并不俗，还很高雅。时下的社会俗也俗不过元代，可怎么就流行不开高贵典雅，时不时就听到，"只盼着太阳落西山沟，让你亲个够""我爱你，就像老鼠爱大米"。元代是俗社会不假，但是，文人贤士不俗，他们冠领社会，匡正俗流。刻下，一切向钱看，文人亦然，站在俗流的潮头，俗化着一个时代。

比之乔吉和元代剧作家，当代的有些文人难免不汗颜。

比之太原晋祠水镜戏台，当今新建的那些戏台难免不汗颜。

图三十七　太原市晋祠水镜台

图三十六　太原市上兰窦大夫祠清代乐楼

图二十六—图二十七

平阳戏台为何多

果有因因有果有果有因种甚因结甚果。

这是一副佛联的上联，用来回答平阳戏台为何多的问题再恰当不过了。

平阳戏台确实多，现存的元代戏台，几乎都在原先平阳府的辖域之内。除了前面介绍过的魏村牛王庙戏台、东羊东岳庙戏台等，还有翼城县曹公村四圣宫戏台。曹公村可谓一个藏在"深闺"人不知的村落。出县城往东南去，行不远就钻进山里，公路临壑弯转，车辆盘旋而上，盘旋过一座山，又盘旋过一座山，越走越偏远，正怀疑这里是否还有人家，忽然前面出现了村庄，这就是西闫镇曹公村。

任谁也想不到，在这么偏远的曹公村，竟有一座堂堂皇皇的四圣宫。四圣宫里竟有一座端庄雄峻的元代戏台。这戏台始建于元至正年间，也就是公元1341年至1367年之间。样式与其他元代戏台别无二致，四角立柱，圆木粗壮，挺直而上。两侧山墙的后三分之一处，还各立有一根辅柱，这般支顶屋架，使之有种牢不可破的巍然感。给人雄峻感觉的是屋顶的飞檐翘角，多数翘角都是用曲线，此檐则用折线，于平缓中突然折高，恰若飞禽展翅凌空，虽然岿然不动，却有翩翩欲飞之势。真格是端庄雄峻、古建精品。

与四圣宫同居一院的是关帝庙，别看规模没有四圣宫大，可也有一座戏台。戏台年代靠后，不是元代风貌，却也巍然整肃，别树一帜。这就令人叹奇，关帝庙与四圣宫一墙之隔，若是关帝喜欢看戏，走下神龛，轻移几步，就可观赏，何必再耗费资金建一座戏台？解释这种现象，可以用两种说法，一是同是献戏祭祀，一碗水要端平，不能偏爱四圣、慢待关帝；二是与戏剧繁荣有关，两座庙各有戏台，同时开演，观众喜欢哪出看哪出。在我看来，两种说法兼备，献戏祭祀本身就是说明广众对戏剧是何等喜欢。

出四圣宫不必走远，翼城樊店村关王庙还有座明代戏台。此台始建于明弘治十八年，即公元1505年。清道光十一年，即公元1831年重新修建。乍看这戏台，犹如面前坐着一位精通世理的老人，庄谐兼具，风度雅致。卷棚屋脊，曲线圆润；砖砌山墙，棱角端直。内在的端直与外部的圆润，恰恰是最完美的中国人格。远观近看，都觉得这戏台无处不闪射着精美的风韵。

岂止翼城县有这么多的戏台，乡宁县云丘山中的关王庙乡，几乎无村没有戏台。屈指数来，塔尔坡、康家坪、坂上、鼎石、上川、下川、鹿凹峪、卢院沟，村村都有戏台。要问戏台有多少，数清村庄就知道。

戏台为何这么多，诚如前面所写，果有因，因有果，因为这里元杂剧作家多。在李修生先生的著作《元杂剧史》上，明明白白有一节：《石君宝及平阳作家》，足见平阳剧作家在元杂剧的发展中有着举足轻重的地位。平阳戏台多，是因为作家多，写戏的人多；作家多，是因为观众多，看戏的人多；看戏的人多，需要的戏台当然就要多。这个问题似乎可以算回答完了，不过，我们还是看看元代平阳到底有哪些杂剧作家？

钟嗣成写入《录鬼簿》的平阳剧作家计有八人。关汉卿、石君宝、郑光祖前面已经涉及，就不再作重复，此外还有李行甫、孔文卿、于伯渊、狄君厚、赵公辅。

先看李行甫，贾仲明《凌波仙》悼词曰："绛州高隐李公潜，养素读书门镇掩。青山绿水白云占，净红尘，无半点。纤小书楼插牙签，研架珠露《周易》点，恬淡齑盐。"只一句"青山绿水白云占，净红尘，无半点"，就可以窥得他远离闹市，远离官宦，闲居僻野，心静若止水，不染半点尘色。他的剧本现今存有《包待制智赚灰栏记》，简称《灰栏记》。从剧本看，李行甫笔下的故事十分曲折复杂。剧中主角张海棠因为贫穷沦为妓女，哥哥张林怨她辱坏门风离家寻亲。富户马员外看中张海棠，赎出烟花院，纳之为妾，生得一子。马员外妻子与州衙赵令史有染，密谋害死马员外，永享合欢。这已经不单一了吧，可只是前面的铺垫。张林寻亲不遇，回来求见妹妹，偏巧马员外去为爱子寿郎烧香免灾。马妻得知，将张海棠的衣服索来赐予张林，又谎称是自己的衣服，挑拨他们兄妹失和。马员外回来，马妻诬告张海棠将衣服送给奸夫。怒火中烧的马员外暴打张海棠，自己也生气病倒。张海棠煮药时，马妻暗里投毒，药死马员外。草草埋葬马员外后，马妻即赶张海棠出门，独霸家产不说，还要妄言寿郎为己之子。张海棠欲哭无泪，告到衙门。岂料马妻奸夫赵令史已经买通街坊邻居，一番伪证，张海棠有口难辩。重刑之下，张海棠屈打成招，问成死罪，被押往开封府。马妻派人准备在押解途中害死张海棠，正巧遇到已经当上开封府五衙首领的哥哥张林，张海棠方才获救。到了开封，包待制亲自审理，弄清冤情，释放了张海棠，并将马妻和赵令史凌迟处死。

这剧本确实复杂了，复杂了人心。过去的剧本，制造冤案，多是贿赂官吏，李行甫笔下的赵令史打点的是左邻右舍，连接生婆、剃胎毛的婆婆也都收买了，也都作伪证，真是财迷心窍、利令智昏啊！李行甫揭示这底层黑暗无疑是要净化社会、净化心灵。

再说孔文卿。他也被钟嗣成收入《录鬼簿》中，贾仲明为他撰写的挽词是："先生准拟圣门孙，析住平阳一叶分，好学不耻高人问。以子称，得谥文。"孔文卿所作杂剧如今存世的仅有《地藏王东窗事犯》。剧本写岳飞自朱仙镇奉召回朝，当即被押送大理寺审问，不久遇害。他的冤魂向高宗托梦，控诉秦桧的罪行。秦桧去西湖灵隐寺进香时，地藏神化身为呆行者，疯言疯语揭露秦桧夫妻在东窗下密谋杀害岳飞的罪行。秦桧派虞侯何宗立勾捉呆行者，何宗立到了阴司，看到秦桧早因"东窗事犯"受到惩处。等他回到阳世，时间已过去二十年，连忙向新君叙说了他亲眼见到的因果报应。这种手法不算新鲜，关汉卿在《关张双赴西蜀梦》一剧里就让关羽和张飞的阴魂托梦给刘备，报仇雪恨。手法不新，但是选材极见眼力。岳飞精忠报国的民族精神虽然在孔文卿搬上戏台前民间早就流传，但是，传播有限，唯有登上戏台，才能唱红大江南北。作为孔子的后代，孔文卿仍在高扬正义的旗帜。他借助岳飞之口唱出心中的悲情："我不合扶立一人为帝，教万民失望；我不合于家为国，无明夜，将烟尘扫荡；我不合仗手策，凭英勇，占得山河雄壮。镇得四海宁、帝业昌、民心良，则兀的是我请官受赏！"他借助何宗立之口讲述秦桧在地狱遭受的酷刑："那阴司刑法比阳间官府狠，不想他苦恹恹痛遭危困，只因笑吟吟陷于人洗垢寻痕。参可可皮肉开，血力力骨肉分，痛杀杀怎挨那三推六问！"恶有恶报，善有善报；不是不报，时候不到。时候一到，一切全报。孔文卿在讲报应，也在倾诉亡国的悲愤，也在追问亡国的根源。

还有狄君厚，贾仲明在《录鬼簿》补作的挽词中对他的评价是："元贞、大德秀华夷，至大、皇庆锦社稷，延□、至治承平世。养人才，编传奇，一时气候云集。"他现存的剧作是《晋文公火烧介子推》，介子推的故事尽人皆知，这题材更不新鲜。但是，狄君厚笔下的介子推却没有完全沿用历史，而是加进了个人的思考。当然，剧本不是论文，思考的结论要化作故事。于是剧本里介子推的故事加重了，为了正朝纲，反奢腐，他耿直上谏。上谏不准，他退身隐居。奉行的是圣人准则："笃信好学，守死善道。危邦不入，乱邦不居。天下有道则见，无道则隐。今日退朝，是吾全身之乐哉！"而在重耳落难时，他不仅与之共患难，还让儿子替他一死。饥饿难熬时，他不惜割股奉君，千古忠心罕见啊！然而，重耳归国为君，封赏功臣，偏偏忘记了介子推。介子推背起老母，隐居绵山，成为晋文公的重耳闻知，逼他下山为官，竟然放火烧山。介子推坚决不出山，不为官，活活被烧死。剧情更彰显了介子推的清高孤直，但也毫不客气地非议了位居人极的国君。既非议晋献公，也非议晋文公，这绝不是历史记载的再现。在历史典籍里，非议的是晚年的晋献公，赞扬的是将晋国推上霸主地位的晋文公。甚至将晋文公火烧绵山也写作寻找介子推不遇，万不得已才下令放火。狄君厚却撕下了这块遮羞布，连历史定位的正面形象也给诋毁了。这是为何？不为何，是狄君厚在追问亡国之痛、亡国之因。

还有于伯渊，贾仲明为他作的《凌波仙》挽词是："集成《鬼簿》老钟仙，录上名公列众贤。先生写上文华选，是平阳于伯渊。翠红乡、风月无边。花前醉，柳下眠，命掩黄泉。"他的剧本现在存有六种，《丁香回回鬼风月》《白门楼斩吕布》《狄梁公智斩武三思》《吕太后饿刘友》《莽和尚复夺珍珠旗》《尉迟恭病立小秦王》。从剧本看，他善于写历史事件、传奇人物，粗犷大气才是主旨，为何贾仲明说他"翠红乡、风月无边。花前醉，柳下眠"？因为，一个成熟的作家不会拘泥于一种笔路，于伯渊即是如此，他的套曲纤丽委婉，另有一番情趣；"他生的倾城貌、绝代容，弄春情漏汇的秋波送，秋波送搬斗的春山纵，春山纵勾引的芳心动。鬓花腮粉可人怜，翠衾鸳枕和谁共。"读过这套曲，看来贾仲明说得不无道理。

不必一一列举，平阳这地方剧作家实在多，形成一个群体，形成一个中心，在如今的城中，还有燕尔巷，先前这里有座大行院，众多的剧作家聚在里面写作、编排，将这里变成名扬华夏的戏剧中心。他们的剧目在城里演，在乡村演，即使偏远的乡村也要去演。演来演去，城市乡村遍布了一座座戏台。

图二十八 —— 图二十九 —— 图三十

■ 图二十八　翼城县曹公村四圣宫戏台

■ 图二十九　翼城县曹公村关帝庙清代戏台

■ 图三十　翼城县樊店村关王庙戏台

山陕梆子与古戏台

李白曰，相看两不厌，只有敬亭山。

我则说，相看两不厌，还有古戏台。

若要是说得完完整整、滴水不漏，应是山陕梆子与古戏台相看两不厌。没有山陕梆子，即使有元代戏台，也不可能有后来这么多的明清戏台。没有明清戏台，山陕梆子也不可能繁盛绵延。互为依托，怎能生厌。

曾经红杏枝头春意闹的元杂剧，到了元代中后期，渐趋衰微。衰微的原因是多方面的，但不可忽略一个致命原因。一切文学艺术，包括戏剧在内，除了娱乐功能，还必须抒发民间心声。元代初期，杂剧为啥广受欢迎？看看关汉卿送上戏台的关云长，"弓弩上弦，刀剑出鞘，人人敢勇，个个威风。我到那里：一刃刀，两刃剑，齐排雁翅；三股叉，四楞铜，耀日争光；五方旗，六沉枪，遮天映日；七稍弓，八楞棒，打碎天灵；九股索，红绵套，漫头便起；十分战，十分杀，显耀高强。俺这里雄兵浩浩渡长江，汉阳两岸列刀枪。水军不怕江心浪，旱军岂惧铁衣郎！关公杀入单刀会，显耀英雄战一场。"这哪里是关云长的豪气，分明是经受离乱折磨的人们喷发出的一口英雄气。

看看张国宾送上戏台的薛仁贵，"恰便似猛虎当途，甚人敢拒？有一个白袍卒，奋勇前驱，直杀的他无奔处。"这哪里是薛仁贵勇猛无敌，分明是饱受摧残的人们对英雄的渴望，渴望英雄再世，讨还血债。

是的，前期的元杂剧不仅有对英雄保家爱国的呼唤，还有石君宝对丑恶官吏的鞭笞。

发展到后来，本应百尺竿头更进一步，然而非但没有如此，还日渐滑落，缺了大气，渐渐成为案几上玩味的小摆设。看看那些后期作家的剧本，就可以知道什么叫"下滑"。秦简夫写过剧本《孝义士赵礼让肥》，剧情是西汉末年，战事纷乱，赵礼、赵孝兄弟抬着母亲避居宜秋山。兄弟二人靠打柴、采药和挖野菜奉养母亲。一天，赵礼上山打柴被虎头寨头领马武抓住，要杀死他。赵礼恳求马武，放他回去和母亲、弟弟告别再来受死。马武放走了赵礼。没想到，赵礼言而有信，一个时辰后竟然返回。母亲和弟弟也赶来，请求替赵礼一死。马武深受感动，得知二位是避居山野的贤士，免他不死，还以银两相送。后来，马武辅佐刘秀平定天下，举荐赵礼弟兄入朝为官。这是在讲信义，可是因为马武要杀赵礼这事，本身就是强盗逻辑，也使得剧情迷乱在混沌之中。

萧德祥的剧作《王鼎然断杀狗劝夫》，则陷入家长里短的纷争。孙荣寿诞之日，弟弟孙华前来拜寿。受两个小偷挑拨，孙荣竟然责打弟弟。孙荣醉卧街头，俩小偷盗走他的钱，孙华发现后把哥哥背回家。哪料哥哥醒酒后发现钱丢了，竟然怀疑弟弟，痛骂不止。孙荣妻子杨氏为规劝丈夫，杀死一只狗，假作人尸。孙荣要俩小偷帮着埋葬，俩人不仅不埋，还去官府告他杀人灭口。关键时刻，还是弟弟帮着埋了尸体。官人王鼎然审理此案，查清事由，兄弟和好如初。弯拐了不少，费心竭虑，不过就是一点鸡毛蒜皮的家常小事，戏剧的格局越来越小。

再看看王晔的剧本《破阴阳八卦桃花女》。剧本的主要人物是一男一女，两个懂阴阳的人。周公善于占卜，桃花女也善于占卜。周公算出石婆婆的儿子石留住难以留住，要遭横死。桃花女不仅卜出横灾，还教给他们禳法。虽然他们居住的破窑洞倒塌，人却没有横死。周公算出仆人彭祖死到临头，桃花女却设法为之延长寿命。周公嫉恨桃花女，将之娶为儿媳，却在新婚时使手法谋害她。桃花女识透周公法术，躲过一死，还在周公危难时救他不死。之后，周公悔过，一家人美美满满过日子。这剧本选材更加狭窄，更加虚幻，与众生的感情呼应越来越远。

　　此类剧作比比皆是，没有必要再耗时列举。仅此三例也可以看出，元杂剧的衰微是必然的，是不可挽救的。造成这种状况，固然剧作家有不可推卸的责任，但是元朝统治者责任更大。入主中原之初，马蹄屠刀虽然凶残，可是他们还没有治理天下的经验，没有认识到防民之口甚于防川。也就没有把戏剧娱乐当成回事，横加干预。后来，他们也娱乐，也赏戏，渐渐嗅出了戏文的火药味道。于是，设立教坊司，管理艺伎及演艺事宜。《元史·刑法志》载："诸妄撰词曲，诬人以犯上恶言者处死。"这规定触目惊心，谁知道什么是"妄撰词曲""犯上恶言"？弄不好就有杀身之祸，谁也害怕被扣上"妄撰词曲""犯上恶言"的帽子，自焚其身。一个明哲保身，两个明哲保身，保来保去，明哲成风，保身成习，元杂剧就在这明哲保身中失掉了刨刀，失去了犀利，失去往昔感天动地的冲击力。因而，人们疏离了戏剧，戏剧的衰微乃至消亡也是必然的。

　　人们疏离，杂剧衰微，戏台岌岌可危。是的，皮之不存毛将焉附。然而，事实并非如此，戏台非但没有衰落，没有消失，反而野火烧不尽，春风吹又生，生生不息，更繁更荣。黄河东岸，这历史上称为河东的大地，戏台名数更多、花色更多。

　　这是一座上下戏台。戏台坐落在新绛县城，上面一个，下面一个。上面一个稍矮稍窄，下面一个稍高稍宽，两台合一，形成一座高楼，称之"乐楼"。若是有戏，坡下的人看低台，坡上的人看高台，低的高的，看戏的视线都很好。为何两座戏台叠加在一起，经指点才明白，这下一层是唱大戏的，上一层是演木偶小戏的。

　　这是一座二连体的戏台。二连台坐落在芮城县陌南镇刘堡村，两座并肩而坐，犹如两位古稀夫妇在喜庆寿诞合影留念。为什么两座戏台要连体而建？是要两个戏班一见高低，一决雌雄。两座戏台实际是在展演生命的历程，人猿相揖别，流遍了郊原血，对手、对头、对垒、对阵、对策、对仗，当然也就对着干了。生存便是竞争，竞争给了生命活力。争地盘，也争财产；争衣食，也争脸面。这戏剧就成了竞争的集中展演，生活中的明争暗斗被放大了、集中了，因而，方寸地有了风云狼烟，转眼间有了悲欢离合。这风云狼烟是消解尘世的风云狼烟，还是激化尘世的风云狼烟？是写照人间的悲欢离合，还是预示人间的悲欢离合？二连台有着更为丰富的文化内涵、思想容量。

这是一座三连体的戏台。戏台坐落在运城市盐湖区的池神庙里，通阔七间，并列排开，宽宽敞敞，排排场场，在所有的戏台里面气魄是最大的。三连台给人的启示更大，其包含了二连台的竞争，又超越了二连台的竞争。二连台的竞争是对手间的拼搏、厮打，这种竞争虽然展示了优胜劣汰的自然法则，却忽略了广阔的社会背景。将竞争放置于社会背景中，我们就看到了一个寓言故事：《鹬蚌相争　渔翁得利》。二连台是鹬蚌相争，相争的后果是渔人得利。而三连台则跳出了这个狭隘的怪圈，人人都面向了广阔的社会，变鹬蚌二争，为鹬、蚌、渔人之争，三争虽然也是争，但绝不同于二争。二争能够以己之长，攻彼之短，竞争双方，要用一定的心思进行防范。而三争则减少了竞争中的攻击，更多的是向社会展示自我的实力，这就可以将用于防范的心计、能力施展在创新立异上。三连台真应该再多些，让更多的人感悟世情。

……

就此打住，要是历数古代戏台，恐怕不是一天两天能数完的。即使将知道的数完，也未免没有遗珠之憾。只要由此感受到戏台在元代之后没有绝迹，还日渐繁盛即可。这问题就已凸显在眼前，为何戏台没有凋零，还郁郁葱葱，是什么雨露阳光滋养了这些戏台。

这雨露阳光是山陕梆子。

山陕梆子是流行在山西平阳与陕西同州（韩城）一带的俗乐土戏。原始形态是河汾民歌，即黄河、汾河流域的民歌。熟悉山西文化的人都知道，山西民歌很多、很美，屡屡唱响神州大舞台。但是，民歌多在中北部，到了晋南几乎听不见，此是为何？原来晋南民歌早就变作戏剧，进入山陕梆子。借鉴元杂剧的表演形式，改造本地流行的俗曲和民歌，伴之以人物故事，也就成为梆子土戏。这种土戏，质朴通俗、生动活泼、语言明快、激越高亢，充满了浓厚的乡土生活气息。山陕梆子基本上是农民及农民出身的艺人创作的一种戏剧。农民没有高深的文化修养，但生活丰富、语言生动，一旦进入文艺创作，就使几近凝固的戏剧园地充满生机，顿显春色。

所以，当元杂剧毕竟东流去时，没人捶胸顿足、扼腕叹息，因为，山陕梆子春风吹又生了。正是如此，往昔元杂剧的承载物——元代戏台，现今恰好用来负荷这种新兴的戏剧——山陕梆子。而且，还不够，新的戏台层出不穷。

明清戏台如雨后春笋，勃然萌生，比目可观，成为靓丽风景。

蒲州梆子带来的荣盛

乱花渐欲迷人眼，用这句诗形容晋南大地的古代戏台毫不夸张。随便去一个地方游走，不经意间就会发现一座古代戏台。

在河津市一转，竟与两座戏台照了面。薛仁贵故乡修仁村（今修村）有白虎岗，这里有他发迹前居住的窑洞，薛仁贵从军后，妻子柳迎春独居于此，人谓寒窑。这里有祭祀庙宇，内有一座戏台。戏台虽不精致，却也落落大方。去河津市九龙山真武庙，进门回头一看，又是一座山门戏台。戏台为硬山顶，台口宽三间，进深五檩四架椽，前面二架延长了，增加了戏台面积。其余手法与明代无异，从修庙碑记看出，始建于明万历六年，即公元1578年。台前场院也不小，上香祭祀的人们观看绰绰有余。

走进蒲县东岳庙，若是带着寻访的眼光去找古戏台，准会惊喜地叫出声。进门回头，一座戏台赫然入目，高高坐落于门上边，威严整肃。再一转脸，左面的看楼当间有一座戏台，右面的看楼当间也有一座戏台。三座戏台济济一堂，互相呼应。三座戏台跻身一庙不算少见，不过多是并肩连体，像这样三面合围的戏台，走遍雁北、晋南还真是独一无二。

戏台数量多，样式也多，称晋南为戏台大观园名副其实。

倘问原由，蒲剧的兴起和繁荣才是戏台荣盛的根本。

蒲剧，也称蒲州梆子，属于山陕梆子最正宗的一支。山陕梆子的策源地分别在黄河两岸的平阳与同州一带。名称与梆子相连，是梆子敲开场，梆子打节奏，梆子来煞尾，梆子主导着戏剧的始终。山陕梆子感染力很强，到了哪里都能落地生根。先后衍生出蒲州梆子、秦腔、眉户，以及上党梆子、中路梆子和北路梆子。再往远去，河南梆子、河北梆子的深根也扎在黄河岸边。蒲剧还有"乱弹"之称。乱，是相对于诸宫调而言，显然不入其套，不随其调，而是将大量河汾民歌注入唱段。康熙四十六年，即公元1707年春节，受平阳知府刘棨邀请前来修志的孔尚任，看了春节演出，兴致盎然，连写多首《平阳竹枝词》，其中有一首《乱弹词》：

乱弹曾博翠华看，

不到歌筵信亦难。

最爱葵娃行小步，

氍毹一片是邯郸。

翠华，这里是指康熙皇帝。乱弹曾博翠华看，是说康熙皇帝曾看过乱弹。若不是作者在歌筵亲眼观赏，很难相信皇帝为什么要看这戏。自己一见就喜欢极了，最爱葵娃的小步行走，过去看到的那些表演不过是邯郸学步而已。孔尚任看直了眼睛，陶醉于其中。这不会有假，蒲剧的小步工早就形成了口诀："小腿带大腿，疾行如游水，身稳裙不动，两脚向前滚。"难怪孔尚任会翘指赞誉。

蒲剧受人欢迎，首推剧本。要阳刚，有阳刚，《薛刚反唐》是也。徐策《跑城》一折，刚烈得胜过火焰熔铁："他若准了我的本，唐室江山得安宁。他若不准我的本，午门外、紫禁城、九龙殿、乾清宫，定要杀他一个乱哄哄。往日走，走不动，今日行走快如风。一为保国除奸佞，二为忠良把冤鸣。"要威猛，有威猛，《三家店》是也。秦琼被押解，怒火中烧："历城公堂戴了桎，怎不由人冲斗牛。恨只恨杨广施行暴政，众黎民遭祸殃皆有深仇……若有八弟罗成在，登州城杀尔个翻天覆地鲜血红。"要阴柔，有阴柔，《意中缘》是也。杨云友一曲忧思美妙无比："家贫穷无彩线难以挑绣，借丹青慕名笔饥困消愁。砚为田墨为粟笔耕糊口，何一日才度过这样春秋？"传承也好，移植也好，蒲剧总是能将打动人心的剧本搬上戏台，备受欢迎理所当然。

不只是剧情美、唱腔好，蒲剧最拿人处还在于表演功极好。前辈艺人总结出"四子功"，即舞髯口的胡子功、颠帽翅的翅子功、耍马鞭的鞭子功、甩头发的梢子功。而且，每种功夫都有口诀。试看，胡子功为二十字诀："推、掠、掳、弹、捻，捋、吹、揉、挡端、抹、摊、扬、盖、绕，耍、撂、甩、咬、翻。"鞭子功为二十四字诀："上、下、抖、捋、蹁、左、右、斜、跨、翻，坐、掳、回、曳、拉、打、绊，扑、立、拴、引、卧、扬、攀。"翅子功为四句诀："左闪右不动，右闪左即停；上下交并用，前后旋绕行。"以上是男角的功夫。女角呢？仅小旦在表演时就有扇子功、手帕功、血彩功、跷功、小步功等等。仅扇子功就有六七十种花样，这么繁多如何使用？有十六字诀概括："撒、合、弹、扇，抖、颤、抢、翻，抄、回、飞、转，辅、映、手、颠。"

生动灵活的表演，常常引起人们的叫好声。何止叫好，还在演出中给特别钟爱的演员披红挂花。所以，蒲剧界早就有十三红、尧庙红、蒲州红、盖天红等名艺人。最有名的是王存才，他饰演旦角，以椅子功闻名。早就有人说，误了收秋打夏，别误了存才的《挂画》；还有说得更甚，误了民国的天下，别误了存才的《挂画》。连当皇帝坐天下都可以舍弃，却不能不看王存才的戏，可见那戏有着何等魅力！我没有看过王存才的《挂画》，只看过传承人任跟心的《挂画》，那传神的眉目、美妙的姿态，令人眼花缭乱。最惊奇的是在椅子扶手上跳步，跳得惊险刺激。

《薛刚反唐》里有一折《跑城》，是忠臣徐策含恨忍辱十几年，终于盼到反唐的大军兵临城下，他按定兵马上朝觐见皇帝。饰演徐策的阎逢春把内心的喜悦演得形神兼备。少年时观看，印象不深。及至成年，戏剧遭禁。改革开放，戏剧逢春，阎逢春却在冬日逝去，未能重逢这个春天。所幸，郭泽民继承了他的演技，由之可以回望往日的风采。郭泽民一句"薛家的威风又来啦"，拉开架势，歌之舞之，头上帽翅旋舞，脚下飞扬蹈步，脸前银须飘散，活像仙翁下凡，浑身处处皆精彩。只一眼就明白了，什么是不用扬鞭自奋蹄；再一眼又明白了，什么是老夫聊发少年狂。

看一看蒲剧就会解除几多疑惑，明白了蒲剧，也就是蒲州梆子为何会居于山西四大梆子之首，为何会是所有梆子戏的源泉。当然，晋南为何多戏台的问题也就迎刃而解。

红火的蒲剧红火了戏台。

荣盛的蒲剧荣盛了戏台。

上党梆子余韵飞

太行山高石层层，重重叠叠气势雄。

太行山确实高，高昂挺拔，到处都是铁骨铮铮的豪杰气魄。不过在那重重叠叠的褶皱里一走，似乎随时可以听见上党梆子的声音。

声音来自何处？

来自遗留在城市乡村的古代戏台。

高平市神农镇中庙村有一座资深的戏台，扫一眼就可知道是元代戏台。其外形，其体量，其内在的建造手法，最初都应出自元人之手。

这座戏台单檐歇山顶，三面能观看，面阔与进深接近，大致为正方形。四角立有粗大的支柱，区别是没用石头，而是圆木柱。梁架结构精巧，斗拱八朵，层层向上，逐渐收缩，渐成斗八藻井，中间还施有雷公柱。可以看出元代工匠的不凡，简朴而不失精细，该简朴处放纵且大度，该精细处丝毫不含糊。

如此风格传到了明代，襄垣县城有座始建于明代的戏台，处处体现着元人的大度与精细。远观，前后两台合一，前台十字歇山顶，后台悬山顶，棱线分明，不见繁冗；近赏，极其精微，仅斗拱就变化多样。外部六铺作三昂，转角各置一朵，补间各置三朵，出彩的是补间当中的一朵，于各层横拱间斜插而出。后台前檐斗拱与前台相同，平柱间的斗拱则借用前台后檐的斗拱，合二为一，更见匠心。前台斗拱内转成为华拱，撑起八边井口枋，再施垂柱……精妙、典雅，真令人感叹古人把智慧的大脑沟纹外化在戏台上了。

无独有偶，黎城县也有一座亮眼的戏台。据说始建于北宋时期，明洪武二年，即公元1369年重修，如今已是明代形貌。戏台与城隍庙的门楼合为一体，戏台在底下一层，顶戴两层冠盖，最是雄伟高大。远远观望，似乎是一位龙骧虎步的帝王端坐于此，威严凛然。而且就在这座城隍庙里，竟然有两座戏台。每年四月十五逢庙会，要唱戏三天，院内戏台给神献戏，庙外戏台则为广众唱戏。这样的格局还真不多见。别的地方都是献戏给神，人们沾神灵的光也娱乐一番。而黎城却人、神各有一台，平等对待，这么尊重普通百姓是极其少见的。

暂且到此，即使继续数列下去，也不数清上党地区的戏台。当然，戏台多还是因为戏剧繁荣，诚如黎城这样，神有神的戏台，人有人的戏台，可见人们痴迷戏剧到了何种程度。

上党地区的百姓迷恋的戏剧不是别个，就是上党梆子。上党是古代名称，秦代曾在此地设置上党郡。清程恩泽的《国策地名考》这么解释："地极高，与天为党，故曰上党。"巍巍太行山，造就了上党这个地方。上党梆子，自然是梆子戏的一个分支，带着河汾流域的韵致。但是，既然称作"上党梆子"，便融入了当地曲调的诸多因素。并且不能简单地认为，上党梆子是克隆的产物。其独异的面貌，倒是告诉人们什么才是真正的文化。文化，文而化之，溶解吸收，像糖和盐化解在水里一样。正缘于此，流行的梆子戏进入上党，即和当地的戏剧交汇融合，大化为新的变异。这里面既有梆子戏的因子，肯定也不乏诸宫调的曲子。孔三传这一方水土的精魂，诸宫调这一方水土的音韵，化合出的上党梆子唱腔以板腔体为主，间或亦用曲牌体，高亢雄壮，稳健有力。给人的整体感觉是，粗线条，大轮廓，直入直出，强烈明快。这戏最先化育的名字就叫"上党宫调"，后来才改称"上党梆子"。

戏台多多，演出多多，出名的演员自然也多。清末以来，上党梆子的著名演员层出不穷，有双禄、群益（西火旦）、老不香、赵清海、段法荣、曹火柱、平福成、冯秃嘴等等。单说名艺人赵清海就有无限情趣。赵清海原籍是原晋城县大兴乡峰头村，幼时被抱养至杨寨村的赵家。他机灵活泼，深得家人喜爱。有位算命先生见他天庭饱满、地阁方圆、骨格清奇，便夸他是帝王相，将来要做王侯。养父、养母大喜过望，指望他读书求取功名。可惜，儿子不懂父母的心思，常和小伙伴们玩耍唱戏，十几岁时，每天跑到村外的老西沟练声练气。父母得知后极力反对，父亲边打边骂："唱戏是王八羔子的玩意，有辱门庭。"可是，父母的心劲再大，也大不过儿子的兴趣。稍大些，他毅然离家出走，去陵川县拜师学艺。数载刻苦练习，登台就唱红了。此后，父亲不再骂他，反而逢人便夸那名角"是我孩子"。此时再回想算命先生那"将来要做王侯"的说法，算得真准，赵清海天天登台，不是扮将相，就是演王侯。

赵清海演技高超，与他头脑灵活、机动善变大有关系。台上许多突发的漏洞，他都能随意弥补。有一次，高平三乐意戏班在壶关三井演秋收社戏，赵清海主演《两狼山》中的老将杨继业。按照剧情，经过一阵激烈的打斗，杨继业不免筋疲力尽，却还要硬撑坚持。演着演着，赵清海长枪脱手，不慎摔倒，伴奏的乐队一慌全停了。这可出了大娄子，岂知赵清海不慌不忙，在由弱渐强的音乐中慢慢站起，捡起长枪继续再耍。台下观众不仅没有看出破绽，还觉得更符合剧情，爆出了一片叫好声，都说他"演得真神"！往后再演这出戏，若是没有长枪脱手，飞身倒地，观众则说是糊弄人。赵清海把上党梆子演到了随兴而为、出神入化的程度。

上党梆子名艺人中，有个被人誉为"活罗成""活庄王"的段二淼。他戏路极广，学啥会啥，演谁像谁。这是博采众长、兼收并蓄的结果。赵清海是泽州府的好把式，到长治来唱的次数不多。每有他演出，段二淼便赶紧去看，细心琢磨。有一次赶夜场看戏，回去时天黑看不清路，竟然摔伤了腿。如此勤学，段二淼居然把上党梆子名角的整本戏和套路都模仿得惟妙惟肖。《清河桥》他演得极像赵清海，《闹帐》他演得极像发枝，《小宴》和《访永宁》他演得极像土长，《夺阿斗》他演得极像小旺，《二子乘舟》他演得极像郎小喜，《甘泉宫》中的身段、表演，他演得极像兴盛，唱腔则极像发枝……人们说，二淼不到，就不买票。要是这场戏没有段二淼演出，戏票就卖不出去。人们为看他的戏经常住在亲戚家里，等待他登场。

先前段二淼学戏，为伊消得人憔悴。

后来人们为了看段二淼的戏，为伊消得人憔悴。

看戏也上瘾，上了瘾，入了迷，用现在的话讲是变成"粉丝"。

等着看，追着看，不如守在家门口看。家门口看戏，那就得有戏台。

东村建，西村建，村村建戏台，戏台满山间、满太行。

如今，上党梆子余音仍然绕山梁。

图三十七　高平市中庄村炎帝庙元代戏台

图三十八　襄垣县城隍庙明代乐楼（前、后台）

图三十九　黎城县城隍庙戏台

北路梆子留胜迹

　　人过留迹，雁过留声。

　　戏剧呢，以什么为凭考证其繁荣和衰落。无他，只有凭借戏台对接古今。这丝毫没有疑问，即使到了比晋南、比晋中相对阔疏的地面，也时不时就有一座古代戏台进入眼帘。

　　五台县台怀镇五爷庙戏楼，坐落于塔院寺南，始建于清代，台口宽，台基高，台顶构件考究，气势非同寻常。非同寻常的还不仅是此，而是佛家喜欢清静，很少在寺庙建造戏台，五台山是佛教圣地，寺庙众多，为何竟有戏台赫然于世？五台人这么解答疑问：别看现今五台山是人间少有的清凉世界，很久前的夏季却和别的地方一样热，热起来满山似烈焰炙烤，昼夜难熬。执掌此地的文殊菩萨得知东海有块清凉石，便趁机搬来。这一下五台山温度下降，不再酷热，而且清凉无比，成为罕见的避暑胜地。五台山清凉了，东海却热起来了。原来这清凉石是龙王的五个儿子专用的祛暑歇凉宝物。他们发现后即追到五台山索要，文殊菩萨一番抚慰，五位小龙转怒为喜，高高兴兴在五台山安居下来。那位年龄最小的五龙王，安歇地就在北台，经常为五台山播降喜雨。众人感激他的深恩，便建庙供奉。人们将五位龙王都称作"龙王爷"，这五龙王就叫作"五爷"。听说五爷喜欢看戏，即在大殿对面建了一座戏台。每年六月逢庙会，还要大开殿门，请五爷打坐赏戏。这风俗祖祖辈辈从未间断。我们前去考察时，戏台上大幕高挂，正在逢会演出。

　　离此地不远的五台县石嘴乡射虎川村也有两座清代戏台。之所以有两座，是因为对面有两座庙宇，一座是龙王庙，一座是奶奶庙。二位神灵都要看戏，便给他们各建一座戏台。这很公正公平，没偏没向。其实，背后显示的是当地的经济实力，若是光景拮据，别说建造两座戏台，就是一座也很吃力。

　　我们遇到的最为抢眼的戏台，在代县枣林镇鹿蹄涧村杨忠武祠前。这是一座清代戏台，体量不算很大，建造非常讲究。卷棚顶使之圆润豁达，前檐翘角又不乏锋芒外露。再加上台口处增添了护栏、石头望柱、木制栏杆，更显得处事严谨，活像端坐着一位颇通诗文的贤淑正旦。这戏台与对面的杨忠武祠颇为般配，杨家以忠勇保国传世，品德似玉，不沾灰尘。建造这么一座结构严谨、形貌端庄的戏台，真是恰如其分。戏台前檐正中高悬一匾，词曰：颂德楼，更添一份高雅。

戏台建在杨忠武祠前，当然是给杨家唱戏。唱给杨家的戏，不会没有杨家的事迹。在中国的戏剧殿堂里，杨家戏可谓蔚为壮观。从杨业归宋，到战死疆场，到佘太君百岁挂帅，再到后人前赴后继护国佑民，可歌可泣，催人泪下。剧目有《杨家将》《闯幽州》《金沙滩》《双龙会》《李陵碑》《两狼山》《五台山》《孟良盗马》《天波楼》《寇准背靴》《佘太君挂帅》《辕门斩子》《三关排宴》《破洪州》《穆桂英挂帅》……洋洋洒洒，不下百部。这可能是中国戏剧史上的唯一，也可能是世界戏剧史上的唯一。

查考历史，杨业又名杨继业，是北宋名将，在抗击辽国的战斗中屡立大功。曾刀斩辽国驸马萧多罗，生擒辽军将领李重海。尤其是太平兴国七年，即公元982年，契丹大兵气势汹汹分三路朝南扑来。大有占据中原、灭亡宋朝之势。危急关头，杨业率军出征，在雁门关截击侵略之敌，大败契丹兵卒。从此，杨业名声大振，被誉为"杨无敌"。雍熙三年，即公元986年，宋太宗二次出兵征辽，杨业奉命与辽兵激战，敌众我寡，被困兵败。杨业身负重伤，战马也身负重伤，无法行走，为敌所擒。他誓死不降，绝食而亡，一段佳话由此传扬开去。杨业就义后，子孙前赴后继，抗敌保国，尤以杨延昭、杨文广名声最大。名声再大，也大不过岳飞、文天祥，即使加上杨业的事迹，杨家事迹要列入中国唯一也尚有距离。但是，随着戏剧的编撰，戏剧的流行，杨家的名声如雷贯耳。大凡上点年纪的人，没有不知道忠烈杨家将。杨家将成为中国爱国教育的一个榜样，人们也以杨家为荣，以迫害杨家的潘家为耻，不少国人的荣辱观就在戏剧里日渐树立。在杨忠武祠前唱杨家戏更是不乏教育意义。

杨忠武祠前唱的是什么剧种？不是上党梆子，也不是蒲州梆子，而是和蒲州梆子沾亲带故的北路梆子。北路梆子从何而来？有人说是李自成北征带过来的。张林雨先生在《山西戏剧图史》中写道：明末甲申之变，李自成渡河入晋，陷汾阳，下太原，取道忻州北上，小住二日，曾在老爷庙戏台（今存）看大戏。戏台上的楹联是"风云有意迎新主，日月无光掩大明"。李自成本人爱戏，征战带着军戏，也就是山陕梆子。他在晋北逗留半月之久，戏剧给人留下很深印象，后人相继模仿，从此山陕梆子传播开来。

说到北路梆子的渊源，代代相传着几句顺口溜："生在蒲州，长在忻州，红火在东西两口，老死在宁武朔州。"生在蒲州，当然是指其根源；长在忻州，是指山陕梆子也好，蒲州梆子也好，在忻州落地生根；红火在东西两口，是指北路梆子不仅唱响当地，还唱红张家口至包头一线；老死在宁武朔州，因为宁武朔州一带是山区，不少老艺人上了年纪，在平川城乡不能再唱，可又放不下这嗜好，就到这一带搭班唱戏，传教授徒，直至老死。为何说北路梆子"生在蒲州"？一说曾请蒲州艺人前来传教，二说不少北路梆子演员都是蒲州人，将蒲州梆子掺杂了当地的声腔曲调，而形成北路梆子。因而，至今北路梆子的道白也还是"蒲白"。

北路梆子脱胎于蒲州梆子，自然带着蒲州梆子高亢激越、酣畅淋漓、稳健粗犷的特点。落地生根后吸收了当地的民歌小调，形成"咳咳腔"，唱法豪爽大方，朴实真挚。从忻州、朔州，到大同，这一带地域辽阔，住户松散，北路梆子入乡随俗，各地唱法不尽相同。可以由雁门关为界划分为大北路和小北路两个流派。大北路是指雁门关以北直至内蒙古包头一带，以老艺人水上漂、舍命红等人为代表，演唱特点是行腔稳健深沉；小北路是指雁门关以南，以老艺人贾桂林、高玉贵为代表，演唱特点是行腔华丽委婉。两大流派虽然各有千秋，但有一个共同特点，由于音乐高亢激昂，男女同调，因此，男演员演唱起来比较吃力，必须用"背拱音"。这也是北路梆子与蒲州梆子的根本区别。

清朝末年至民国初年，北路梆子极为繁盛，戏班众多，不下百余个。行艺数十年的班社就有三顾园、五梨园、成福班、同庆班等三十余家，声望最高的大昌盛班经常进京演出，很受欢迎。在网上点击，因进京献艺颇具名气的艺人可以开列出一串名单：艺名"十三旦"的侯俊山、艺名"金兰红"的赵玉亭、艺名"云遮月"的刘德荣、艺名"盖七省"的董瑞喜、艺名"三鱼旦"的韩德福，以及艺名显赫、姓名被人遗忘的"天明亮""捞鱼鹳""盖北京"等人。此外，当地名角更是数不胜数：有"五月鲜"刘明山、"十二红"刘宝山、"六月鲜"刘玉山、"小十三旦"郭占鳌、"十六红"焦生玉、"十三红"马金虎、"两股风"郭宇清、"灵芝草"高有富……

罗列名字未免枯燥，我们就看一段侯俊山的表演吧！前面说过，侯俊山艺名为"十三旦"，所以得此艺名，是因为他工花旦、刀马旦，兼演武生，红、黑、生、丑，无所不能，唱做念打，样样俱佳。他表演生动、细腻、传神，常用他人不敢用的高难度动作，在《伐子都》一戏中，当考叔的鬼魂出现在酒宴上时，扮演子都的侯俊山竟然能从前面放着酒杯的桌子上窜过去，平身直直摔在台上。观众正担心他会摔伤，他却连翻几个"虎跳"，稳稳站立。此时，身上蟒靠丝毫不乱，桌上的酒杯依然直立，顿时全场爆发出掌声、叫好声。

如果到此为止，恐怕要看到古戏台就很难了，所幸江山代有才人出，北路梆子后继有人，继"全才须生"杨仲义获得了第十届中国戏剧梅花奖后，成凤英、贾粉桃又连续获得此奖。之后，还涌现出被人们誉为"北路梆子一枝梅"的后起之秀詹丽华。人才济济，戏剧延续，戏台也才会生生不息，留下胜迹。

图四十　　五台县台怀镇五爷庙戏楼

图四十一　　代县东林镇鹿蹄涧村杨忠武祠戏台

图四十一　图四十二

中路梆子未绝耳

舞低杨柳楼心月，歌尽桃花扇底风。

此时不是宋代晏几道抒写《鹧鸪天》的情景，戏剧风光不与往日相同，然而，走近古时戏台仍可感受往日景、昔时情。寻根溯源，中国的戏剧渐盛，起始于宋代的勾栏瓦舍。勾栏瓦舍，无疑是城市文明的胜景。城市的锣鼓弦乐一响，乡间农人春心律动，神庙剧场勃然而兴。那么，作为当今省会城市的太原，作为山西政治文化的中心，昔时的戏剧是否繁荣？回答无疑是肯定的。下面的话不能再说了，再说就是重复，因为证据还是古代戏台。尽管我们先前已提到晋祠水镜戏台和金人露台，已提到窦大夫祠戏台，但是，仅就寥寥几座，似是一线溪流，如何能载动戏剧繁荣的艨艟巨舰？这不奇怪，遗留的少，不见得原本就少。何况太原也罢，并州也罢，不是孤立存世，而是四处城乡拥围。在那里散撒着无数戏台，仅看几座：

晋中市榆次区城隍庙里有一座非常亮眼的戏台。这戏台始建于明正德六年，即公元1511年。论资排辈，应算古老。不过该戏台没有倚老卖老，建造特点就很明显。戏台紧靠乐楼，乐楼紧靠雄姿英发的悬鉴楼。戏台依凭乐楼，乐楼依凭悬鉴楼，实属罕见。从主殿观望，悬鉴楼高过乐楼，乐楼高过戏台，不过这没有低矮了戏台，反而使戏台显得更加稳重可靠，风雨不动安如磐。如此独一无二的样貌，放在中国戏台的博物馆里比较，也属凤毛麟角。

中阳县相对于榆次区要偏远好多，但是戏台仍然甘于去那里安家落户。宁乡镇有座柏洼山，山上松柏成林，郁郁森森。龙爪松、凤尾松、迎客松、望客松、镇山柏、千岁柏，高大参天，遮天蔽日。古树多多，风景独好，这是顺势之说。逆势反思，往往古树林立，不无原始的地方，都会人迹罕至。然而，这人迹罕至的柏洼山上也有戏台。戏台建造在昭济圣母庙内，而且始建于康熙四十六年，即公元1707年。这是一座山门舞楼式戏台，三楹大的开间，硬山顶，灰脊筒瓦，朴实无华。关键不在于戏台体量多大，相貌如何，而在于如此偏远的地方也有戏台，这就足够人咂嘴称奇。

柏洼山上的戏台不是先例，不是唯一，平定县冠山上也有一座戏台。冠山上有冠山镇，镇上有座资福寺，戏台就在寺中，始建于清乾隆元年前，即在公元1736年前已经建成。这座戏台有些新异，清代戏台多是一面开口，此台却三面开口。台面正中高昂，两侧稍矮，基座四周饰有石头围栏。这种形制确实前所未见，楹柱对联也别开生面：传五万里人情，多少奇观廿二史；绘四千年物色，分明俗说十三经。

介休市保存完好的戏台较多，这里仅举两例。一例是龙凤镇张壁古堡北门瓮城内的戏台。此台始建于清乾隆十年，即公元1745年。张壁是一座古代城堡，里面文化遗存丰富，有夏商文化遗址、隋唐地道、金代墓葬、古代民居等众多文物古迹，可以看出此城堡集军事、居住、生产、宗教活动为一体，如此，娱乐必不可少，戏台必不可少。戏台建筑没有奇特之处，但能传续至今，说明城堡失去战略作用后，民间生活也离不开娱乐，戏台也就不会消失。

介休市的另一戏台在城关大街东端的三结义庙，始建年代不详，清乾隆四十七年，即公元1782年重修。此戏台与榆次城隍庙戏台不无相似。戏台紧靠的是祆神楼，实际建于一体。不过，此台要比榆次城隍庙那座戏台体量大得多，台口通阔三间，达到10.78米；进深与台口几乎相当，为10.7米。由于没有台基，用木柱支顶，显得空灵威武。榆次城隍庙是将悬鉴楼、乐楼和戏台集于一体，介休三结义庙是将祆神楼、过街楼和戏楼三者合一，而且是四种功能，因为祆神楼也是山门，戏台下部可以供人进出通行。楼顶灰瓦覆盖，绿色琉璃镶边，厦脊饰件精致，堪与万荣飞云楼、秋风楼媲美。

将目光收缩到太原附近，会在清徐县集义乡大常村看到一座鸳鸯戏台。鸳鸯戏台在应县寇寨村已经见过，按说不再新鲜，可是仍然令人喜不自禁。这鸳鸯戏台和寇寨村有明显区别，寇寨的戏台是两面分别对应一座庙，而大常村戏台却建于村路的中心，能够两面同时演戏，两面同时观看。观众可以自由选择，选择喜欢的剧目，选择喜欢的演员。这真是对人最大的尊重，以人为本，在此形象真实地展现出来。

看看，古代戏台在太原周边比比皆是，城里有，乡村有；平川有，山区有。这些戏台多演何戏？中路梆子。现在很少有人再说中路梆子，多说"晋剧"。"晋"是山西的简称，晋剧俨然是山西的代表剧种。这么认识不无道理，京剧还没有标明中剧，因为多在京都演出，就被指代为国剧。兴盛于省会太原一带的中路梆子成为晋剧自然无可非议，只是树高千丈不要忘记深根。

晋剧的深根在何处？在蒲剧，在蒲州梆子。这种说法不是某人的见地，而是戏剧学人的共识，并且多有对师承过程的记叙。最典型的是张林雨在《山西戏剧图史》中关于三个阶段的概括：第一阶段是邀蒲伶、买蒲童、请蒲师、道蒲白，例如，清代乾隆、嘉庆以后，盛行"蒲州的戏子、祁太的镏子（钱串子）"的说法。当时，中路戏的演员和娃娃班（科班）的教师、学员都是蒲州人。第二阶段是请蒲师、道蒲白。邀蒲伶消失了，买蒲童逐渐稀少了，说教的娃娃基本上是中路的了。在这个阶段，同治七年，即公元1868年，祁县的金财主渠源淦投重金成立的上下聚梨园，对中路梆子的形成起了重大作用。第三阶段，请蒲师也没有了，就剩下了道蒲白，教师和娃娃都是中路的了。至此，中路梆子宣告形成。

成形的中路梆子自然不是对蒲州梆子的照搬，而是自成一体。仅就唱腔而言，便生发出新的妙趣。其唱腔由乱弹、腔儿和曲子合成。乱弹，是晋剧的主要唱腔，共有平板、夹板、二性、流水、介板、滚白、导板七种板式。腔儿，是指晋剧中的各种花腔，一般不单独使用，而是依附在各种板式的乱弹中，有五花腔、三花腔、走马腔、二

指腔、十三咳、四不像、导板腔等多种。曲子，则吸收了昆曲和地方小曲。如此取其精华，杂糅合成，旋律婉转流畅，曲调优美圆润，道白清晰亲切，奔放出晋中地区浓郁的乡土气息。中路梆子不仅具有梆子腔的激越、粗犷，而且生发出圆润、婉柔的自我风格，既能演出慷慨激昂的历史剧，也能表现柔情似水的爱情戏。

中路梆子的成熟催生着一座座戏台，一座座戏台呼唤着艺人登台献艺，百般红紫斗芳菲的繁荣局面日渐展现。最早出名的多是平阳府的演员，"老十二红""一千红""八百黑""九百黑""玉印黑""天明亮""老三盏灯""老元儿红"个个都是。后来扬名的则是晋中演员，"油糕旦""三儿生""毛毛旦""十二红""盖天红""十三红""说书红""狮子黑"，人人唱红。

最可贵的是成熟的中路梆子竟然有一次大的飞跃。1920年以后，中路梆子戏台活跃着大女子、二女子、大牛牛、二牛牛、丁巧云、丁果仙一帮坤伶，他们扮相俏丽，声腔柔美，占尽梨园风骚。坤伶个个唱红，场场欢声雷动，从此声誉鹊起。后来，张美琴、"子都生"（刘少贞）、牛桂英、郭凤英、冀美莲、"夜明珠"（王艳凤）、"周瑜生"（孙福娥）、任玉珍、程玉英、花艳君相继扬名。之后，又有青衣王爱爱、花旦田桂兰等一批演员蜚声远近，诚可谓人才辈出，缤纷如云。

展望山西梨园，万紫千红春色满，而中路梆子占尽春光第一枝。

春风春光易逝去，树木年轮留往昔，而戏剧的年轮只有在戏台上才能时时品鉴。

希声原乐图

丑之篇：神仙有无何渺茫

问渠哪得清如许，为有源头活水来。

山西戏台之众多，山西戏剧之繁荣，为全国之最，缘由何在？探究其中的奥妙，必须把目光锁定在神庙。因为，山西的古代戏台多在神庙里头，故此，研究者称之为"神庙剧场"。

神庙剧场与宋金时期的杂剧场所有些差异，在垒摞成丘的专著、资料里，多见的词是"勾栏瓦舍"，"神庙剧场"是个陌生名词。即使偶有人提及，也不过是星星之火。然而，就是这个星星之火，到了元代却成为燎原之势。此为何故？

蒙古大军蜂拥南下，铁蹄横踏，千村薜荔人遗矢，万户萧疏鬼唱歌。先是战火离乱，生死无常；再是暴力摧残，沉重欺压。元代统治者按人种将人民划分为四等：蒙古人当然是一等；其他少数民族称"色目人"，为二等；北方的汉族称"汉人"，为三等；南方的汉族称"南人"，为四等。三、四等人其实就是奴隶，真正是命不如草，一等人杀一个三四等人实在不算什么，大不了被打上几棍，赔点东西了事。苟活在水深火热中的元代民众渴望平安，渴望温饱，更渴望除暴安良、社会公平。可是，这渴望如何实现？靠民众，手无寸铁，怎能斗过金戈铁马？靠国家，暴力强权，如何会赐予底层人民以平等？这渴望只能依托于神灵。

神庙勃然兴盛！

如何敬祀神灵？一向以己度人的广众，干脆来个以己度神。既然自己喜欢看戏，那就给神灵唱戏。村村唱，社社唱，把星火般的神庙剧场唱成了燎原之势。

数百年过去，燎原之势还原为星星之火。走进神庙剧场，可以感受戏台的兴衰，可以感受戏剧的兴衰，还可以感受民族的兴衰，以及兴衰的原因。

牛王庙与明应王庙

　　牛王庙与明应王庙出现在这里，绝不是刻意为之，是戏台就建在庙中。前面谈戏剧和戏台的关系时，用过"皮之不存，毛将焉附"，现在说明戏台和神庙的关系又要请出该句。或许是我词语贫乏，舍此还真没有更恰当的词语。在这里，神庙是皮，戏台是毛，倘要是没有神庙，还真不知道那众多的戏台该往何处安放，甚至有与无都值得考虑。

　　先让我们走进临汾市魏村牛王庙，此庙如前所述有一座元代戏台。庙中有清光绪二十四年，即公元1898年重刻元代"广禅侯碑"，碑文记有：

　　庙枕村之北岗，姑峰秀于前，汾水环于左，地基爽垲，栋宇翚飞，石柱参差，乐亭雄丽。远近士庶望之俨然，敬心栗栗，罔不祇畏，实一方之奇观。目睹祀事，今罕有之。至于清和诞辰，敬诚设供演戏，车马骈集，香篆霭其氤氲，杯盘竞其交错。途歌里咏，伛偻提携，往来而不绝者，至日致祭于此也。

　　多么雄伟的庙宇，多么热闹的庙会！

　　今人虽然无缘亲睹昔日的胜景，却能够看到现在红火的情形。每年庙会，附近村民纷至沓来，焚香叩拜，美食奉献，而后便在这庙里看戏。戏班多是蒲剧名团，两次获得全国戏剧梅花奖的演员任跟心曾登台表演，让父老乡亲看直了眼、拍麻了手，叫好声能喊哑嗓子。痴迷的人们不断拥来，拥向戏台，也拥向神殿。这就是乡村庙会的风景。

　　这通俗的风景却诠释着古雅的文明——礼乐文化。在庙宇里，在庙会上，神殿或说神像便是礼，戏台或说剧场便是乐。礼乐是祭祀神灵、敬表诚意的完美结合。无乐，也就是无戏不成礼；无礼，也就是无神，似乎那红火的表演就失去了意义。记得《礼记》有句：

　　大乐与天地同和，大礼与天地同节。……乐者，天地之和也；礼者，天地之序也。和故百物皆化，序故群物皆别。

可见，礼代表着秩序，乐代表着和谐。礼、乐合成的庙会不正是天下太平的写照吗？

无论何时，只要人活着，就会渴望五谷丰登，渴望六畜兴旺。这种渴望是一种焦虑，焦虑会变成忧悒，忧悒会扰乱正常的日子。显然，渴望需要甘霖，需要滋润。也许这牛王庙就是应时的滋润，是理想的甘霖。

牛王庙供奉的不只是牛王，还有马王和药王。供奉药王很好理解，老辈人常说，"黄金有价，药料无价"。药可以治疗百病，是极为昂贵的宝物。供奉药王无非是要确保平安，万一有个头疼脑热，也能药到病除，消灾祛病。至于牛王、马王嘛，那是当时人们追求小康生活的精神保证。前几十年，乡村里流行的口头语是："三十亩地一头牛，老婆孩子热炕头。"这是典型的小农人家，也是当时理想的小康之家。而这小康目标的实现，那一头牛起着关键性的作用。牛是生产劳动的主力，有牛则三十亩地上禾谷茵茂，无牛则老婆孩子都得下地拉犁，不光炕头上没了欢歌笑语，恐怕下了死力还会误了农时节令，还免不了三十亩地草盛苗稀。牛，是庄稼人的命根子。庄稼人在庙里敬一炷香，是要保住自己的命根子。这还只是就牛而言，若要是有马，便是腾飞的象征，那光景就套了一挂马车，飞腾着红盛呢！

因而，年年这一台戏都要唱，唱给牛王、马王，也唱给药王，唱出自己的安乐光景。对了，这王都是谁呢？还说药王吧，这好说，就是有名的神医扁鹊。《扁鹊见蔡桓公》的故事流传很广。他去齐国做客，见了蔡桓公就说：您有病，病在肉里。桓公不信，说无病。过了五日，扁鹊又见蔡桓公，说：您有病，病入血脉。桓公仍不信。又过了五日，扁鹊见到蔡桓公，说：您有病，病入肠胃。桓公很不高兴，扭头就走。再见蔡桓公时，扭头就走的不是桓公而是扁鹊。桓公派人问其中的原故，扁鹊说：病在皮肉、在血脉、在肠胃，我都能治，如

101

今病入骨髓，神仙也没有办法医治，何况我呢！不几日，蔡桓公病死。扁鹊名声大振，远扬天下。敬祀这样一位神医，不仅能治身上的病，还能去心病啊！

至于牛王和马王，正殿虽然供着两尊像，可据说本是一位神。传说宋真宗驾谒亳州大清宫，晚上歇息后，众马皆病，次日无法启程。村中长老献策：孤山有位神仙通圣郎君，祭之无不灵应。真宗纳言，祭祀并封通圣郎君为广禅侯。果然，马疾痊愈，矫健如前。之后，这广禅侯就被百姓敬为牛马王。因而，牛王庙正殿悬有一匾：广禅侯殿。

从牛王庙和牛王庙那繁盛的庙会上，我理解了平民的心愿，用虔诚乞求丰衣足食、合家安康。

我来到霍山脚下的明应王庙，这里每年农历五月十八日逢庙会，比起牛王庙逢会有过之而无不及。不仅现在如此，先前规模也很大，元代延祐六年，即公元1319年的《重修明应王殿》碑记载了其时盛况：

远而村镇，近而村落，贵者以轮蹄，下者以杖履，挈妻子、舆老赢至者，可胜既哉！争以酒肴香纸，聊答神惠。而渠资助乐艺，牲币献礼，相与娱乐数日，极其厌饫，而后顾瞻恋恋犹忘归也。

又是一番令人目不暇接的盛景。城乡百姓即以酒肴香纸祭祀，又以乐艺演唱献礼，聊答神惠。神是何神？神有何惠？

《太平寰宇记》说，自唐宗以来，其神（明应王）曰"大郎"。

大郎者，乃李冰。秦昭襄王末年，李冰出任蜀郡太守，他最大作为是在今四川省岷江出山口，兴建了中国早期的灌溉工程都江堰，因而使成都平原富庶起来。由是，这个水利工程所在地，改名为灌县，后又改为都江堰市。李冰曾在都江堰安设石人水尺，这是中国早期的水位观测设施。李冰的儿子继承父业，治水修堰，完成都江堰工程，后人称之"二郎"，尊称其父为"大郎"。这明应王庙敬奉的就是大郎李冰。

李冰是兴修水利的先师，百姓敬奉的意思也很清楚，就是渴盼那一渠潺潺清流能浇灌自家的田禾。田禾得到浸润才会长得茁壮、长得丰饶。禾谷丰饶了，光景才会好过。那为何要在此地建造明应王庙？原因在于霍山脚下那眼清泉。泉水喷涌，聚为一渠，蹦跃而来，在庙后分为两渠，滔滔奔去。仔细看，会发现那两条渠一窄一宽。再仔细看，会发现两条渠首有一排铁柱。窄渠对着三根，而宽渠竟对着七根。铁柱上有座桥，桥上有廊坊，穿廊过桥，有一砖砌牌坊。牌坊上有副楹联：

水清水秀水成银涛，

分七分三分隔铁柱。

这楹联里凝结着一件悲壮的往事。

事情的起根发苗还是因为这滋润沃野的清流。清流滔滔滋润洪洞、赵城两县。两县都想多浇田园，屡因争水械斗，民多伤残。为解决争端，知府支起一锅，锅盛棉油，燃火沸油，扔进油锅十枚铜钱，然后宣布，两县派人捞钱，以钱多少得水。知府话音未落，便有一彪形大汉蹦跳出来，挽袖出臂，伸进滚油锅里捞钱。柴多火旺，滚油冒烟，好汉炙肉作响，腥味四散，仍咬牙摸捞，毫不缩手。此乃赵城好汉。待洪洞人捞取时仅余三枚铜钱，赵城好汉为那七分清流舍去了青春勃发的生命。自此，知府设立了这铁柱栏杆。

即使有了分水亭，争水也在所难免，因而还是封神建庙，于是就有了这明应王庙。明应王庙和庙会的盛景里又一次印证了百姓的心愿，用一渠清流滋润自己干渴的日月、干渴的光景。

牛王庙与明应王庙里的一副对联：

两座戏台，一个用意，献演娱神，为百姓讨要起码的光景日月。

两座戏台，一个准则，务求实效，祭祀和自身命运有关的神灵。

图四十七　图四十八

图四十七　洪洞县明应王庙戏台

图四十八　洪洞县明应王庙

稷益庙与炎帝庙

　　为看一座明代戏台，我走进了新绛县阳王镇的稷益庙。此台主体仍是明正德年间建构，明三暗五的台面，演出空间增大，两边留有乐池，还有化妆间。功能齐全，体量加大，这是目前发现的山西现存明代神庙戏台中最大的一座。

　　建造这么宏大的戏台为谁献戏？既然是在稷益庙，那当然是给稷益献戏。不过，需要搞清楚稷益是两个人，而不是一个人。稷，是后稷。相传，他是尧时期的农官，姓姬名弃。姬弃的名字上留着被遗弃的痕迹。他的父亲是五帝之一的帝喾，母亲是贵为皇后的姜嫄，他该贵为皇子。孰料出生时他竟是一枚肉卵，母亲以为不祥，将他弃之陋巷。他该结束这短短的生命了，不想马牛来往避而不践。他又被弃之山林之中，这一次恐怕难逃一死，岂料还是逃过了，是因为老虎竟在一侧保护。老虎是兽中之王，它在守护，哪个野兽还敢伤害他。在山野没死，孩子又被弃之冰上。天气寒冷，冰凌更加严寒，难道他还能死里逃生？还真逃过了，是百鸟展翅将他捧举而起。他大难不死，挣破卵衣，成一美男，被母亲抱回家去。

　　《史记》记叙了后稷教民稼穑的故事：

　　弃为儿时，屹如巨人之志，其游戏，好种树麻、菽，麻、菽美。及为成人，遂好耕农，相地之宜，宜谷者稼穑焉，民皆法则之。帝尧闻之，举弃为农师，天下得其利，有功。帝舜曰："弃，黎民始饥，尔后稷播时百谷。"封弃于邰，号曰后稷，别姓姬氏。

　　这故事引出一个词语：教民稼穑。应该说，教民稼穑在中华文明史上是一件很重要的大事。若没有后稷的教化，先民还在刀耕火种，广种薄收。农耕如此延续，吃饱肚子很成问题。后稷在那个时段代表了最先进的生产力，他传播耕种技术，使农业生产实现了一次大的跨越。为后稷建庙，应该；为后稷献戏，应该。那么，益呢？

益，是伯益，又名化益。《世本》这么记载："化益作井。"又说"化益，伯益也，尧臣。"也就是说伯益和后稷都是帝尧时期的大臣，他开挖了最早的井。为什么他会开凿出最早的水井？是为了抵御大旱。《淮南子·本经训》中记载："尧之时，十日并出，焦禾稼，杀草木。而民无所食。"禾苗枯死，民无所食，实在旱得够呛。在神话里，解除大旱的办法是后羿射日，射掉九个太阳，只剩一个太阳，天地恢复常态，人们安居乐业。当然，神话不是世事，真正解除大旱要靠水井。据说开凿水井，是帝尧看见地洞里钻出的蚂蚁生机勃勃，由此受到启示，猜测地下有水，提议开挖。第一个挖出水的就是伯益，别人是在平地开挖，他利用了猎兽的陷阱。自此，人们就把开挖水井的功绩记在伯益头上，便有了"伯益始穿井"的记载。

伯益始穿井，标志着一个新时代的开始。开挖水井的目的很单一，就是在大旱之时求生。人们有水喝，禾苗有水浇，目的达到了。可是，谁也不会想到在目的之外竟有新的收获。过去为用水方便，人们多是沿河居住，时常遭受洪水袭击，难免死伤。有了水井，众生离开河流，向高地迁徙。居住更加集中，由聚落向村落、向乡镇、向城市过渡，城市在水井的滋润下蓬勃成长。一眼水井，推进了农耕文明，开启了城市文明，当然不应忘记最早开挖水井的先祖，给伯益建座庙理所当然，唱戏祭祀也理所当然。

教民稼穑的后稷和开凿水井的伯益如此受人爱戴，那么，初识五谷、启始农耕的炎帝呢？一样应该受人爱戴。从根本说，若没有炎帝尝百草，如何辨别五谷，若不辨别出五谷，农业耕种就无法开始。对此，民间传说最为神奇。有一次，炎帝把一棵草放到嘴里一尝，霎时天旋地转，一头栽倒。他明白自己中了毒，可是已经不会说话了，所幸手指还能动，慌忙把灵芝草塞进嘴里咀嚼。过了一会儿，毒气解了，头不昏了，会说话了，他起死回生。炎帝不顾安危，继续品尝百草，一天天过去，他尝出了粟、稻、菽、高粱、麦子都能充饥，便采集种子试种，这就是后来的五谷。因为卓越的贡献，人们又称他为神农。五谷能吃饱肚子，可是无法解除众生的病痛，他接着品尝，尝出了三百六十五种草药，据传《神农本草经》里的那些草药都是他分辨出来的。毫无疑问，炎帝是中华民族的始祖，建庙祭祀天经地义。

记得前面曾讲述过高平市神农镇中庙村的戏台，为何要将炎帝庙建造在高平市呢？

晋周处《风土记》有文：神农城在羊头山上，山下有神农泉。

唐朝韦续《墨薮》有文：炎帝神农氏因上党羊头山始生嘉禾八穗，作《八穗书》，用颁行时令。

《后汉书·郡国志》有文：羊头山有神农城，山下有神农泉，南带太行，右有伞盖，即神农尝谷之所也。

羊头山就在高平市，现在山上还有五谷畦、神农泉、神农城。五谷畦，是炎帝种植五谷的田园；神农泉，是炎帝饮水的泉眼；神农城，当然是在炎帝的带领下，当地农耕很快发展，人口相对集中，犹如一座城市。这里的炎帝遗迹就够可观了，却还有炎帝陵。而且，炎帝陵所在的庄里村，山川秀丽，青松翠柏，蓊蓊郁郁，风景特美。附近的人们不称炎帝陵，而称"皇坟"。这也有道理，历史上曾将炎帝列入"三皇"之中，称"皇坟"顺理成章。在炎帝历经千辛万苦，尝百草，定五谷，始农耕的地方，建庙祭祀他天经地义。

果然有炎帝庙，而且庙有三座：上庙、中庙、下庙。上庙在庄里村，中庙在下台村，下庙在城东关。先前各庙均有戏台，如今只有中庙的戏台安然遗存。安然的姿容似在说明其初生在金代，虽经历代重修，但形貌变动不大，至少还有元代的特征。原先外院也有一座戏台，面阔五间之多，比现存的这座大多了。据说，小戏台只给炎帝献戏，外人不能看，要看只能在外面的大戏台。每年农历三月十五，中庙逢大会，要祭祀炎帝献艺演出。祭拜时只有凡人不行，还要仙人礼

颂。漆黑的夜晚，神仙由戏台下凡于人间。祭祀开始，玉皇大帝在前头引路，后面紧随着八仙。每人手持一盏花灯，先在戏台上回转旋绕，如同群星闪耀，然后闪耀着走下戏台，款款进入炎帝正殿。玉皇大帝和八仙的九盏灯笼——悬挂在檐下殿前，大殿明明亮亮，全场的人齐刷刷下跪，磕头敬拜炎帝。

敬拜将中华民族导引出荒蛮时期的祖先，而后再鼓乐齐鸣，开场献戏。

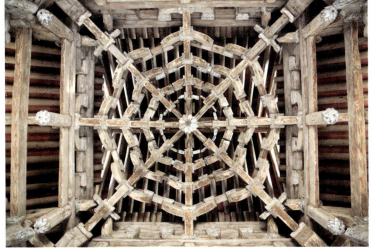

图五十 高平市中坪村炎帝庙元代戏台藻井、斗栱

109

四圣宫与汤王庙

　　坐落在翼城县曹公村的戏台，已经在前面出现过。那座元代戏台建在四圣宫里，显然是为四圣献戏的。四圣，是哪四位圣人？中国历史上圣贤很多，要数出四位不难，但要是遴选出四位打坐宫殿受人礼敬，还真不知道该推举谁为妥。

　　走进四圣宫，顿时明晓了，四圣宫里供奉的是尧、舜、禹、汤。

　　这四位圣人，起码有三圣众生极为熟悉。哪三圣？尧、舜、禹。临汾有座尧庙曾称"三圣庙"，庙中建有三座宫殿，即尧殿、舜殿和禹殿。有了炎帝庙建造于高平市的先例，临汾建造尧庙，或说建造三圣庙就好理解多了。无非因为这里是帝尧古都，曾经是尧、舜、禹的活动中心。临汾，古称"平阳"。平阳这名称和帝尧关系很大，他带领先民定居此地时还没有这个名称。那时只有一汪平湖，帝尧和部族的人们住在向阳的北面，古人以山之南、水之北为阳，因此称"平阳"。在平阳，帝尧把炎帝发明的农耕向前推进了一大步，推进的办法是观天测时，钦定历法。虽然距离炎帝尝百草已经过去不少日子，但是大伙儿还是刀耕火种，广种薄收，因而难以吃饱肚子。原因就在于掌握不了日月轮回，不知该何时下种，要么过早，禾苗露头遭受寒霜冻杀；要么过迟，籽实未熟即遭受寒霜冻杀。春杀，颗粒无收；秋杀，所收无几，很难吃饱饭。帝尧改变这种局面的办法就是派出羲氏、和氏，分别到很远的地方观察日出日落，进而制定出历法，指导农业播种。如此一来，才使庄稼有种有收，才使先民丰衣足食。为此，众多的子民欢声拥戴尧为大王，将他所居住的平阳奉为中央之国，而部落和部落联盟则成为簇拥在中央之国周围的地方小国。一时间，万国林立。后来，中央之国，也就是各地方小国当中的"国中之国"被简称为"中国"。国家的雏形出现了，帝尧和他缔造的国家永远名垂青史。这中央之国，不在别处，就在帝尧居住的平阳，平阳就成为最为古老的"中国"。平阳，即现今的临汾。

　　帝尧到了晚年，没有将帝位留给自己的儿子，却禅让给舜。舜继承先贤的大业，仁爱万民，广播德辉，继续了五谷丰登、六畜兴旺的太平盛世。这盛世被人们称为尧天舜日，传颂至今。舜还是位大孝子，《百孝图》和《二十四孝》都尊他为天下第一孝。因而，我以为他配享德圣孝祖、贤臣明君之誉。

至于禹，他是以治水英雄的面貌挺立于世的。而且，这位治水英雄还是治世豪杰。他接过舜禅让的国家大政，将之发扬光大，形成了相对完备的国家管理机制。因而到了夏时，国家这华光四射的文明辉泽已经照耀九州。我上学读书时，课本上就有"大禹治水，三过家门而不入"的故事，那是一种多么激动人心的精神境界啊！

尧、舜、禹是中华民族永远的精神丰碑，为之建庙，献艺歌唱，完全顺应天理民心。然而，对于汤王，虽不陌生，总觉得若与尧、舜、禹齐名，未免相形见绌。尧、舜、禹的创造建树，岂是后世可以比拟的？不过，既然先民已将其供奉于圣位，肯定有一定道理。

四圣宫深藏在太行山中，庙宇古旧。首次去时断墙残垣，比比皆是。可原体的骨架依然未变，用"佝偻的肢体残喘"诉说着悠久的往事。大门口有几根立柱，立柱上是露天的屋顶，屋顶已无法为立柱遮风避雨，而立柱仍然毫不退缩地支撑着。立柱的信念来源于柱础，柱础是坚实的化身，简单的雕刻说明它年岁的久远，是元代？是金代？似乎还要靠前，但自从落卧于立柱之下，它坚实的信念亘古不变。即使支撑的顶盖几次颓废、几次修复，柱础仍然稳坐如山。

在古庙中标新立异的是戏台。戏台还是原来的架构，却因为新瓦重盖，鹤立鸡群，俨然成为宫中的佼佼者。台前是块平地，地上留着残雪，雪上还摆着石垒木搭的条凳，那是看戏的座位。眼下宫院虽然冷寂，可唱戏时却拥有少见的热闹。听说，台上不仅唱大戏，还演绝活，是那种倒打花鼓的绝活。演出前，在台上横拉一带。演出时，表演者双脚挂在带上，头朝下垂落。条带悠悠晃晃，似乎人也岌岌可危，可那人不仅毫不害怕，而且舞动手中的鼓槌，敲打身上的腰鼓。鼓槌飞快地点击，台下根本看不到击打到何处，唯有咚咚的鼓声震撼着观众的身心。若要捕捉表演者手头的鼓点，唯一的办法就是看那鼓槌上飘舞的彩带。那彩带常常让人眼花缭乱，缭乱出叫好的吼喊和掌声。

在众生的亢奋中，四圣也就亢奋了、满意了。至少众生是这么想的。

离曹公村不远，有个西闫村，村里也有座古戏台。仍然保存完好，几乎和四圣宫戏台没有两样。四圣宫是座元代戏台，而此台梁架上清楚写明为清代创建。清代的戏台构造已很富丽繁华了，简朴的建构似乎是一种反叛，至少也是对现实的逃遁。逃遁需要勇气，反叛更需要勇气。可是，置身于风浪当中有几人能够自持！

看过庙宇名称，更为佩服立庙者的勇气。这是一座汤王庙，显然是对四圣宫的简略。简略了尧舜禹三圣而独尊汤王，这需要何等勇气？我隐隐感觉到这汤王非同一般，值得注目。

无独有偶，析城山上也有成汤庙。成汤庙，也就是汤王庙，坐落在阳城县下交村。下交村在析城山的土塬上，成汤庙在土塬上的土崖上。俯首拾级，步步登高，才能跨进山门，走进庙里。

进庙，正对着戏台的后背。转过去观看，前面与后背几乎相同，泥封的台口已没有了戏台的颜容。不过，稍微留意，那隐匿的真姿便会显露出来。这是一座明代戏台，可拜殿的石柱上隐约着"大安二年"的字迹，透递出其是金代的遗物。前后打量，左右端详，似乎这拜殿原先也是一座戏台，因为有了那座高大宽敞的戏台后，才演变为拜殿。拜殿和献殿一样，既可敬放礼品，也可拜祀献艺。看来，这是一座金代的戏台了。可惜，岁月沧桑，它易貌了。

庙中有碑，有创建殿堂的碑，也有重修戏台的碑。大明嘉靖十五年，即公元1536年的碑记，仍把戏台称为乐楼，铭文有句：

惟乐楼规模广大，年久风雨所摇，飞檐梁柱倾颓殆尽。至我国朝正德五年庚午，里人原宗志、原应瑞，国学生原应轸等，会集社众曰："成汤，古圣帝也。乐楼芜废如此，与诸君完葺之如何？"众咸曰："诺。"于是鸠工萃材，各输资力，重修乐楼，一高二低，四转角并出厦三间，功成于正德十年乙亥。栋宇台榭高大宏伟。金碧丹青之饰，焕然一新。

如今，风尘烟雨已剥去了金碧丹青之饰，唯有栋宇台榭还在追忆着昔时的高大宏伟，仅此，也让我看到了乡民对汤王圣帝的诚挚崇敬。那么，汤王圣帝圣在何处？

对此，《吕氏春秋》有载，《太平寰宇记》有载，南宋郑樵的《通志·三王记》记载得最为形象逼真：

（成汤）自伐桀之后，七年大旱，雒坼川竭，煎沙烂石。太史占之曰："当以人祷。"汤曰："请雨为民也，若以人祷，吾自当之。"乃斋戒，剪发断爪，素车白马，婴以白茅，身为牺牲，祷于桑林之社。持三尺鼎，祝诸山川，曰："勿以予一人之不敏，俾上帝鬼神伤民之命。"乃以六事自责曰："政不节与？民失职与？宫室崇与？妇谒盛与？苞苴行与？谗夫昌与？"言未讫，雨大作，方数千里。

汤王真是躬身为民的典范。为求甘霖滋润谷禾、拯救苍生，自己斋戒不说，还要煎去头发，砍断手指；坐素车不说，还要驾白马拉车，车上用白茅缠绕。汤王将自己作为牺牲了，牺牲也就是祭品。这悲壮而诚挚的大举恐怕配称"前无古人、后无来者"了。

汤王献身百姓，百姓铭记汤王。因而，就有了这汤王庙，就有了这为汤王献艺歌唱的戏台。

戏台上那古老的音韵里萦绕着对仁爱之君的厚爱。

图五十一　临汾市尧都区尧陵戏台

图五十二　翼城县曹公村四圣宫大殿

图五十三　翼城县西闫村汤王庙戏台

图五十一　——　图五十二　——　图五十三

晋祠与则天圣母庙

20世纪戏剧研究的重大成果是丰富了中国的戏剧史。

丰富的内容是，考证出神庙剧场也是养育戏剧成长的摇篮，而且这摇篮不比勾栏瓦舍的那摇篮逊色。甚至，比之更重要。

丰富这内容的就有山西众多的神庙剧场。

山西众多的神庙剧场有着众多的敬神献艺、演剧赛会活动。晋祠的活动又是众多活动的代表。

晋祠的演剧赛会活动，几乎贯穿了一年的从头到尾，尤其以六七两月最为密集。此间活动所幸《晋祠志》有记，不妨摘录于下：

六月朔起至七月初五止，晋祠总渠甲暨四河各村渠甲致祭敷化水母于晋水之源。凡祭水神必兼祭圣母。祭之日，水镜台必演剧酬神。其间：

六月初八日，小站营、小站村、马圈屯、五府营、金胜村各渠甲演剧，合祭水母于晋水源。祭毕而宴于昊天神祠。

初九日，华塔、县民、南城角、杨家北头、罗城、董茹等村渠甲演剧，合祭水母于晋水源。祭毕而宴于昊天神祠。

初十日，古城营渠甲演剧，致祭水母于晋水源。祭毕而宴集于文昌宫五云亭。

上为北河上河，初八、初九、初十等日所演之剧，系华塔村都长张某写定，发知单转达古城、小站、罗城、董茹村、五府营，届时各带戏价交付。

十五日，晋祠镇、纸坊村、赤桥村渠甲合祭水母于晋水源，演剧凡三日。祭毕宴集于同乐亭。

七月二日，有司斋戒沐浴，躬至晋祠，致祭广惠显灵昭济沛泽翊化圣母之神，于圣母殿神案陈设羊一、豚一，并祝帛行礼如仪，演剧赛会凡五日。

七月初四日，圣母出行。在城绅耆抬搁（俗名铁棍），抵晋祠恭迎圣母出行像（另塑一圣母像，置肩舆中）。是日，在城人民备鼓乐旗伞栖神之楼，并搁十数抬。午刻齐集南关厢，西行经南城角村……恭奉圣母于龙王庙，安神礼毕乃散。

初五日，仍行抬搁，异神楼，游城内外。人民妇女填街塞巷以观之，官且行赏以劝。是日午刻，搁乃齐集于南关厢，先入南门穿街过巷，进署领赏（官赏搁上童男童女银牌，官眷则赏花彩）。遂出西门仍返入城，又出北门仍返入城。日落出东门，天既黑，搁上张灯，名曰灯搁……恭奉圣母于南关厢龙王庙。

十一日，古城营人民演剧赛会。前一日，由南关厢龙王庙恭迎圣母至该营之九龙庙……虔诚致祭。

十四日，古城营人民恭送圣母归晋祠。

一次演剧赛会，又一次演剧赛会，这么多的献艺酬神活动，到底为了什么？我们有必要探究明白。

晋祠是晋国开国的祖祠，当然少不了唐叔虞祠。步入其中，会想起桐叶封弟的故事，被封的那位弟弟就是端坐正殿的唐叔虞。《史记》记载：

武王去世后，年幼的成王继位。一年一度诸侯朝贡的日期要到了，接见诸侯时，周成王要颁发圣旨。圣旨事关社稷存亡、百姓安稳，可不能随意颁布，因此，这些天来他每日坐在王宫中听朝臣议论事情。一个十几岁的少年还缺乏成年人的耐久力，听得他心神乏味、昏昏欲睡，好不容易熬到日暮，总算又过了一天。

周成王走出殿来，紧锁的眉头渐渐舒展开来。此时，红日西坠，晚霞如火，宫廷中也华彩烂漫。他兴奋地走进花园，听着枝头的莺雀自在鸣叫。忽然，他看见弟弟叔虞在花园里玩耍，眼睛一亮，就喊他过来。叔虞听见叫声，撒开腿就朝他跑来。一见弟弟那急火火的样子，周成王想起了急报军情的将领，就笑着说："有何敌情，如此慌张？"

叔虞听了，稍一怔，明白了兄长是和自己开玩笑。于是，便模仿将领的样子跪在地上报告："敌人来抢东西，天子快想办法！"

周成王上前扶起弟弟，顺手捡起一片落在地上的桐树叶，三揪两扯，撕成了个玉圭形状，递给弟弟后，郑重其事地说："我封你为侯，火速带兵击败敌人。"

一旁的史官即把这话记载下来。隔了几日，史官请成王"择日立叔虞"。成王说："吾与之戏耳！"是说我和他戏要啊！史官却严肃地说："天子无戏言！"

成王只好封叔虞于唐国。叔虞做了唐国国君，后改唐为晋，成了晋国的开国始祖。

晋祠创建唐叔虞祠理所当然。然而，唐叔虞祠并不在主要位置，祠中大戏台正对的是圣母殿。圣母殿供奉的是叔虞的母亲邑姜，这很好理解，母因子贵，也体现出后辈的孝敬之心。令人费解的是，将这位圣母当作水母娘娘祭祀。历朝历代，晋祠演剧赛会都是由渠长会首主办，也就是为了那一汪滋润千里沃野的清水。赛会期间，为水母唱戏，为水母歌舞，还要抬着水母周游各村。而水母也就是圣母，圣母也就是水母，都是叔虞的高堂老母。这真有些难以厘清。

这厘不清也便罢了，时日久远，人神难分，也就入乡随俗吧。可是，还有令人费解的事。就说我国历史上唯一的女皇武则天吧，她明明是位皇帝，却也被人供奉为水母娘娘了。

文水县南徐村是武则天的家乡。家乡为了纪念这位闻名于世的女皇，建造了一座武则天庙。清乾隆年间碑载："庙貌之巍峨，形势之雅峻，山环水绕，卓卓乎诚可欣而可羡也。至于宝殿之伟壮宏模，异秀奇巧，尤属可惊而可赏。"

不进武则天庙，真不知道武则天这名字同帝尧还有密切的联系。

117

是孔夫子将帝尧和武则天联系在一起的，《论语》颂之："惟天为大，惟尧则之。"因而，女皇矢志效法尧帝，便以则天为名。虽然，历代对这位女皇颇多微词，但是，谁也无法否认她的历史功绩。她减税赋、劝农桑、开殿试、选人才，办了不少利国利民的好事。最有意思的是，那个才高八斗的骆宾王写了一篇《讨武曌檄文》，把她骂了个一无是处。武则天竟然还能从容阅读，反复欣赏，感慨地说："让这样的人才流为叛逆，是宰相用人的过失。"

无论怎么说，武则天都是中国历史上有作为的皇帝。作为武则天家乡的父老乡亲，当然为这块土地闪耀的时代光泽而骄傲、而自豪，后世为之建庙祭祀，献剧赛会，当属情理之中。

遗憾的是，对于这样一位有作为的皇帝，历代天子出于对女人的偏见，竟然视为祸患，百般贬损。官方也就鹦鹉学舌，排斥责骂。这让武氏家乡的父老乡亲大为恼火，却又不敢向官方发火；欲为武氏建庙立祠，又怕为自己招惹杀身祸事。世事将文水人摆到了尴尬的困境当中。

置之死地而后生。困境可以置人以死，也可以置人以生。优胜劣汰的法则不仅是人和自然关系的结晶，也是人和社会关系的结晶。处于困境中的文水人看到了一条清流。这清流出自南徐村边，人称"泌水"，也称"文谷水"。贞观年间，民间即凿渠引水，灌溉良田数百顷。或许正由于此水，该县才得名文水。而此时，无奈的乡亲却从那水声中获得灵感。因而，则天女皇忽然间便成了则天水母。

这真是灵性之作、圆润之作。皇家可以罢祭女皇，官府可以禁祀女皇，然而，却不能阻止祭祀水母呀！则天女皇披着水母的外衣公然登殿，接受叩拜。如今，走进则天圣母庙，殿宇宏大，用材精巧，仍可看出当年建造者的一片苦心。据说，先前殿门两侧有副楹联：回头一笑百媚生，万国衣冠拜冕旒。这"回头一笑百媚生"似有些轻佻之嫌，女皇就是女皇，不是杨玉环那样的风流娇娘，毕竟有着皇家的尊严。倒是"万国衣冠拜冕旒"活画了庙殿的森然威风。

则天圣母庙中当然少不了戏台。戏台是三间宽大的山门舞楼，乍看有些空寂冷落，细观墙体上写照着喧闹的往事。壁上弯斜着七十一条墨记，一直从光绪延展到民国。先后来则天圣母庙献剧的有文水义厚堂、永梨园，祁县聚丽园、永盛园，介休六梨园，清徐荣梨园，多达三十四个戏班。剧目就更多了，有《满床笏》《金水桥》《恶虎村》《九龙杯》《告御状》，粗粗数来不下七十多个。

在这喧闹的风光中，我又一次想到了文水人的灵性和这灵性导引下的变通。变通是成功的，由则天女皇到则天水母的变通，掩饰了实情真容，也给皇帝、官府留下了面子。或许，皇帝、官府并非不知道这种掩耳盗铃的手法，只是不去揭撕，给民众留下生路，也就给自己留下了余地。这也是糊涂，而且是聪明之后的糊涂。

糊涂宽容着变通。

因而，从古到今，变通广为流行。

120

城隍庙与乔泽神庙

山西古代戏台很多都在为城隍唱戏，榆次城里有城隍庙，长治城里有城隍庙，新绛县城里也有城隍庙。而且新绛县这座城隍庙的戏台不落俗套，在一个坡道下端建有两座戏台，不是并排两座，而是上面一座、下面一座。上面一座稍矮稍窄，下面一座稍宽稍高。两台合一，形成一座高楼，称之"乐楼"。回头再看坡道，顿觉戏台奇妙。若是有戏，坡下的人看低台，坡上的人看高台，低的高的，看戏的视线都很好。当地有一老者曾在此看过戏，他说下一层是唱乱弹大戏的，上一层是演木偶小戏的。先前正月里，这城隍庙前红火着哩！日里演了夜里唱，一直要红火到二月二龙抬头时。这城隍庙可真够热闹啊！

城隍是主管什么的神灵，为何会如此受人尊崇？

辞典上说，城是垒土筑起的高墙，隍是高墙边没有水的深壕——护城河。城隍放在一起有城市的意思，主要是指城市的保护神。

城市的保护神——城隍很早就有了，据说六朝时就有祭祀城隍的记载，唐代时城隍已普及了。不然，何以杜甫、韩愈笔下都会出现祭祀城隍的诗文。而且，唐代以后城隍非但没有减少，还有不断增多的趋势，及至到了明朝，城隍庙已到了"乱花纷飞迷人眼"的地步。因而，从佛寺中走进皇宫的天子朱元璋竟然有了一大举措：整顿城隍秩序。整顿的过程是否遵循这样的程序：摸底、登记、归类、分析，时日久远无法查考。只知道《明太祖实录》中所划分的等级是：敕封京城的城隍为帝；开封、临濠、东和、平滁等城的城隍为王，官秩一品；府城的城隍封号为"监察司民城隍威灵公"，官秩二品；州城的城隍封号为"监察司民城隍灵佑侯"，官秩三品；县城的城隍封号为

"监察司民城隍显佑伯"，官秩四品。

而且降旨，全国的州、城、府、县都要建城隍庙。这样，明代各城市就有了两个衙门，一阴一阳，阴间衙门就是城隍庙。

城隍庙多，城隍需要量也多，生前有点名声的人不少当了城隍。我的乡亲霍光，曾任上海城隍庙的首任城隍。后来，不知缘何那庙换了城隍，而且一换再换，连换两任。最有趣的是，北京的城隍是文天祥。文天祥是抗元名将，宁死不屈，光照后世。只是，北京曾是元大都，倘若文天祥在阴间翻江倒海，那阳间的官员还能有安然日子？

后来，光用名人不够，也就有了考试选拔城隍的说法。蒲松龄笔下曾写道：宋焘病中见有人牵马相迎，请他赴试。他抱病上马，入豪华官邸应试。主考官坐好了，都很陌生，唯一认识的是关圣。参加考试的人不多，仅他和另一人张生。考完后宋焘中试，要他赴河南某城就任城隍。宋焘忽然想起家中老母无人奉养，如实告诉。一位帝王样的主考命人查其老母寿数，说是还有九年，当即决定，由张生代他赴任，待老母寿终后接任。宋焘醒了，还了阳。倘若宋焘是贪官不孝之人，阳间也就没有他了！

如此说来，城隍都是有根有苗的人。可是，有一位却搞不清姓名和身世，而且这位城隍可不得了，还是天下都城隍。并且远在东汉年间，这位城隍就已独领风骚。原先这位城隍出身低贱，只是一座破落小庙的山神。好在山神很敬业，那日来了一位逃犯，慌贼般闯进小庙，倒头就拜，要山神救命。山神看到后面追兵赶到，逃犯眨眼工夫就有杀身之祸，顿生怜悯之心。待那人钻进神龛背后，山神放出好多蜘蛛，匆忙吐丝，把庙门、庙内缠绕了个密实。追兵到时一看，没人进庙，这不蛛网完好么！扬鞭催马向前赶去，只留下一路风尘。

逃犯得救了，当然恩谢山神。不意这人会是刘秀，不意这人会登上帝位，不意登上帝位的刘秀还记得这位小山神。因而，小山神时来运转被封为天下都城隍。立时身价百倍，可以指点江山、左右阴魂了。

这天下都城隍庙在长治县南大掌村。

我去的那天，天虽无雨，却阴得沉黑，弄得人郁郁寡欢。还没进庙，却郁闷消散，那高高的崖庙中飘来歌声，飞入耳中，平和柔美的音韵激悦身心，登台拾级的脚步也就快了好多。进庙一看，歌在戏台，山门戏台上欢舞着村妇乡汉：嘴张得大，声扬好远；身舞得欢，形姿多变。看得人不愿移步。歌舞一段，声敛人退，腾出目光环视身边，发现观众寥寥，才知道这是排练。就要逢会了，逢会时要昼夜会演，到那时这庙里自会人山人海，我哪能像今日拥有这么大的观赏空间。幸运了！

我很幸运，却觉得最幸运的是那位天下都城隍，他的乡亲真心拥戴他，真心尊崇他。若是照实来，哪会有天下都城隍？即使有，经朱天子一整顿还不整顿掉了？人家县城的城隍才官居四品，你这荒山野岭的城隍无品无位，居然要统领天下所有的城隍，岂不是阴阳两界的笑谈？但是，乡亲们就这么笑谈，谈久了，习惯了，众皆认同，那高巍的山门上早就挂着天下都城隍的牌匾，没见有人去摘呀！

谁敢小觑民间的力量。

民间的力量又一次让我刮目相看。我再次关注翼城县武池村，因为有座元代戏台就在该村的乔泽神庙。走北跑南，头一回见到这样的庙，抑或是庙名以乔姓冠之吧，我兴致很浓，一心要知道这乔泽神是何许人。庙已空旷，殿没了，廊没了，只有西侧的石碑还在挺立。到了碑前，一一观看，看了半天，仅找出一句话：

晋栾将军讳宾，生其傍，故以为姓。及栾将军讳成死晋哀侯之难，小子侯表其忠，以栾为祭田，令南梁、崔庄、涧峡立庙祀焉。

看来，这栾将军本是人，而且是当地成长起来的人，而且一定是当地出类拔萃的人物。我因之检索晋国史，终于搞清楚栾将军宁死不屈的事迹。栾将军名叫栾成，父亲栾宾辅佐曲沃桓叔，他则在晋都辅佐晋哀侯。晋哀侯被俘，曲沃武公劝栾成投降，还要封他为上卿共同执掌晋国，然而，遭到了栾成的拒绝。他大义凛然地说："民生于三，事之如一。"民生于三，就是"父生之，师教之，君食之"。没有父母不得生，没有师傅无人教，没有君长没有衣食，我待他们要始终如一；一臣不事二主，我不会背叛我的君王。说罢，栾成继续与曲沃将士搏杀，最终战死。

对于一部中国历史来说，对于春秋战国来说，栾成是个微不足道的人物，晋哀侯也没有什么惊天动地的业绩，忠心事主的栾成当然也不足挂齿。然而，故里的父老乡亲却永远铭记着他、祭祀着他，继往开来一代一代地尊崇他，还将这位凡人推拥上了神位，成了乔泽神。

时在宋代，因为兴修水利的事情，县令李邑"以神之响应，并下流争水之事闻于外台，奏宋徽宗皇帝。六月六日旨下，敕封栾将军乔泽神。"宋徽宗御笔亲封，栾成将军由人为神。历史上多少声名显赫的大将军、大司马、大元帅，无缘成神，而名难见经传的小小栾成竟然成神了，那些大人物闻之肯定会愤愤不平，大骂宋徽宗有眼无珠。其实，也不完全怪宋徽宗，若是没人向上呈报，他怎么会想起微不足道的栾成？

乔泽神庙同那个天下都城隍给了我同一个启迪：

民间力大无穷，可以造神！

而且，可以娱神。我键盘上的敲击声，此刻与遥远的歌声交融在一起，那是天下都城隍庙的，也是乔泽神庙的，歌声蓬勃大气——

如同戏剧一样，都是民众心灵的歌声。

丑之篇：神仙有无何渺茫

■ 图五十六　新绛县城隍庙

■ 图五十七　长治市上党区南大掌村天下都城隍饰戏台

■ 图五十八　翼城县武池村乔泽神庙门匾

图五十六 — 图五十七 — 图五十八

岱王庙与玉皇庙

　　去翼城县中贺水村看戏台，还没有进村，就听见了铿锵有力的戏剧锣鼓声。锣鼓声有疏有密，疏时如雨打残荷，密时如雨打芭蕉。听这声音犹如读李白的诗，疏时像遥看瀑布挂前川，飞流直下声隐然；密时像黄河之水天上来，奔流到海不复回。锣鼓疏一阵，密一阵，又疏一阵，又密一阵，再疏一下，突然就密出了个万马奔腾、江河咆哮，像春雷波动着正月的原野。波动着，地皮在动，树枝在摇，连刚刚探头的嫩叶也兴奋地抖动，正抖动得欢势，近处无声了，远处没声了，静了个天蓝云闲。

　　忽一时，传来了柔美的弦乐，弦乐中还有一波三折的吟唱，是唱蒲剧哩！

　　追着声韵前去，就到了中贺水戏台院里。

　　台上好忙活，唱的唱，扭的扭，舞的舞，耍的耍。唱的是"正月里闹新春，村里村外人成群，成群结队闹红火，红火热闹献给神"。因而，扭的、舞的、耍的都为神忙活开来。扭的，扭弯着腰；舞的，舞动着绸；耍的，则挽起袖子甩绣球，引逗得彩狮上桌下桌不停地蹦。活脱出一场红火戏。

　　那戏台不算小，也被挤闹得变小了。

　　这是座啥庙？献剧演艺是为啥神？在剧场里一转，转到正殿，明白了，这是座岱王庙。

　　岱王庙，其实就是东岳庙，也有叫泰岱庙、泰山庙的。这热热闹闹的戏原来是唱给泰山神的。泰山神好大的面子、好大的福气。

　　泰山神的面子和福气所以大，是借助了皇帝的威力。

　　或许是泰山因其高拔而得五岳至尊，历代皇帝总把平治天下的殊荣与之凝结为一体。最有影响的是在泰山封禅，封，是登泰山筑坛祭天；禅，是下泰山筑坛祭地。一位帝王，只有举行了封禅大典，才算是真正受命的天子，才有资格代表上天，统领尘世人间。

如此说来，中国历史上称得天子的皇帝没有几位。春秋时，齐桓公要当天子，准备封禅，劲头憋足了、鼓圆了，宰相管仲却说，封禅要有十五种不召自来的祥瑞，嘉禾生、麒麟至、凤凰来，还要有东海的比目鱼，西海的比翼鸟……听得齐桓公泄气了，不干了。

从《文献通考》看，历史上第一位登泰山封禅的是秦始皇。他登上皇位的第三年，修车道，乘御辇，直达顶峰。先在山巅封，又在山麓禅，成为开天辟地的真命天子。因而，立巨碑，歌功德，意在千秋治世。可惜，只十年，天下便易位了。

第二位登泰山封禅的应是汉武帝刘彻。公元前110年，汉武帝统军十余万，北巡朔方，扬威塞外，西祭黄陵，东登泰山，上封下禅，祭天祀地，也成了名副其实的天子。还有宋真宗赵恒，也到泰山封禅，而且，为了准备这盛大的典礼，还提前将年号改为大中祥符。

经过皇帝这么一折腾，泰山名扬九州，身价倍增。泰山神也得地利之便，被皇帝屡屡加封。唐玄宗封之"天齐王"，宋真宗封为"东岳天齐仁圣大帝"，元世祖又封为"东岳天齐大生仁皇帝"，因而，在宋代便有"东岳大帝"之称了。

我想知道东岳大帝的姓名，就往典籍中探寻。

《博物志》说东岳大帝是天帝的孙子，"主召魂，东方万物始成，故知人生命之长短"。

《神仙传》说东岳大帝是玉皇大帝与王母娘娘小女儿太真夫人的第三个儿子，也是天帝之孙。他在天宫本是大神，因贪玩误了宫务，罚他到人间主管鬼神。真没想到在人间耀武扬威的神仙，竟是天宫的罪臣。人间好可悲！

而使东岳大帝有了真姓真名的是《封神演义》，姜子牙封黄飞虎为泰山神。

翻来看去，这泰山神，这东岳大帝，就是这么七拼八凑合成的。

可是，就这么个神，到处有庙，或泰岱庙，或东岳庙，或岱王庙，还有称天齐庙的，都是他的行宫。他真幸运，享受着人间的顶礼膜拜。在中贺水村，人们把那么动人的锣鼓音乐，把那么迷人的戏剧歌舞，献给他老人家，他老人家自然快快乐乐。

东岳大帝受到如此高的礼遇，那他的爷爷玉皇大帝呢？"河汾第一名胜"的制高点就叫玉皇顶，建造的是玉皇庙，供奉的当然是玉皇大帝。从山麓一路攀登，步步高升，仰望的目标是玉皇顶，攀登的目标是玉皇顶。攀上这凌空高巅，视野顿觉辽远开阔，才知道玉皇大帝所以圣明，便是缘于他身居高端，一览无余。对大地一览无余，对沟壑一览无余，对人间一览无余，一览无余就会对万事万物了如指掌。了如指掌，才会行事公正、公平，而公正、公平是众生最大的渴望啊！

在众生的渴望里，玉皇大帝从遥远的古代走到了今日。登上玉皇顶，拜祭玉皇大帝，遥想前尘往事，突然领悟，高居云端的玉皇大帝早就缘道教进入无数尧舜传人的心中。

玉皇大帝，是道教中三清化身、太极界第一尊神，也就是古人最崇敬的天神。他居住在玉清宫，上掌三十六天、三千世界、各部神佛；下辖七十二地、四大部州。可以说，他掌管天上诸神、仙、佛，以及凡间亿万生灵，因此尊称他为"玉皇大天尊玄灵高上帝"。权力如此之大，到了无所不能的程度，不只平民百姓对他顶礼膜拜，即使历代皇帝对他老人家也毕恭毕敬。

不过要是探源追根，玉皇大帝实际源自先祖对上天的崇拜。殷商时期，人们称最高神为帝，或曰天帝，或曰上帝。在先民眼里，天帝神通广大，上管天，下管地，还要管幽冥各界文武神仙。周朝取代殷商后，不仅继续前人的天帝崇拜，而且增加了君权神授，武王自称是天帝的儿子，受天命治理人世，从此便有了天子之说。君权神授，是哪位神灵所授，自然应该是神通广大、无所不能的玉皇大帝。不过，翻阅典籍，那时还看不到玉皇大帝的身影，他要出场还要等一些时日。

若是从唐朝段成式笔下的《酉阳杂俎》看，玉皇大帝出场亮相并不怎么光彩。他姓张名坚，字为刺渴，是渔阳人。他放荡不羁，常常惹是生非。天翁下凡问罪，竟被他设宴灌醉，而后悄悄坐着天翁的车，乘白龙登天，赶到玄宫，关闭天门，将天翁拒之门外。如此，张坚便成为玉皇大帝。这个说法有点土气，细细思考却代表了民间的一种情绪：凭什么你那些高高在上的皇帝天子，生来就是统辖黎民。于是就玩一把新鲜的，玩出一个从草民走向天宫的玉皇大帝。这样的说法，显然不合乎帝王的意图，也有违中国的道德规范。于是，玉皇大帝的来历不断升温，升温从两个方面加热：一是提高身世，将平民身份提升为帝王身份；二是增加难度，注入修炼的内容，提升神仙的身价。

东晋干宝的《搜神记》记载，往昔有个光严妙药国，国王名叫净德，王后名叫宝月光。王后不生育，无子嗣的国王常常忧郁若是身崩，社稷何人主宰，祖庙何人祭祀？忽一夜，宝月光皇后梦见太上道君，驾五色龙舆，翩翩而至。太上道君安坐龙舆，怀中抱一婴儿，那婴儿遍身洁净，毛孔放光。王后好不欢喜，恭敬迎接，长跪在太上道君前，恳请将此婴孩赐予自己。太上道君见她心诚，便赐婴于她。王后梦醒即已怀孕，一年后生下个宝贝儿子，这就是后来的玉皇大帝。

这样一来，玉皇大帝的身份大为提高，不再是凡同草芥的小民形象。但是，这与道教修身得道的宗旨仍有距离，于是再看到玉皇大帝时，故事有所变更。明末清初人徐道所著《历代神仙通鉴》记载，天界有个光严妙乐国，国王名净德，妻子是宝月光。他们仁慈爱民，天下很是太平，可惜年老无子。二人诚心向道，感动元始天尊，便赐予一子。赐予的过程与前一个故事大同小异，只是增加了王子自幼即舍国修道，历经三千二百劫，始证金仙，号曰：清净自然觉王如来。又经十万劫，方成玉帝，总执天道之神。这便从修身方面提升了玉皇大帝的身价，可谓提升的第二方面。

如果这么讲还有些浅白，那《西游记》里的说法就生动多了："佛祖听言，呵呵冷笑道：'你那厮乃是个猴子成精，焉敢欺心要夺玉皇上帝尊位？他自幼修持，苦历过一千七百五十劫。每劫该十二万九千六百年。你算，他该多少年数，方能享受此无极大道？你那个初世为人的畜生，如何出此大言！不当人子，不当人子！折了你的寿算！趁早皈依，切莫胡说！但恐遭了毒手，性命顷刻而休，可惜了你的本来面目！'"你看，这么一来，玉皇大帝的身价有多高，他那地位不是轻易得到的，而是经过千千万万年的修炼磨难打造出来的啊！这岂不可尊可敬？这样一位修身炼志的楷模，总执天道，主宰天地人三界，还有什么值得怀疑的吗？没有，绝对没有。更多的则是敬畏，则是臣服，则是祈求，祈求这神灵庇佑自己、庇佑全家，和和美美，过好日子。

姑且不论玉皇大帝的能量有多大、神通有多广、法术有多高，仅从云丘山将之摆放的位置，就可以知晓玉皇大帝是何等超拔，是何等崔巍。从山麓眺望玉皇顶，感觉雄伟；从一天门远望玉皇顶，感觉仍然雄伟；从二天门、三天门仰望，感觉还是雄伟；到了祖师顶，距离玉皇顶已经接近多了，但是感觉依然是雄伟。雄伟，主宰的何止是视觉，何止是感觉，而是身心！

云丘山雄伟了玉皇大帝，让世人永远有所敬畏，有所顾忌，有所企盼，有所祈求。于是，年年岁岁，岁岁年年，人来人往，祭祀祈福，香火鼎盛，世所罕见。只是，玉皇顶地盘太小，无法建戏台，也就无法讨玉皇大帝高兴，这可如何是好？不必焦虑，民间有的是办法。山顶不能唱戏，就在山下唱。拥围在玉皇顶四面的小山村，村村有戏台，康家坪有，塔尔坡有，上川村有，下川村也有。

身居高端的玉皇大帝，俯瞰四面，皆能看清，今日看西，明天看东，天天都在陶醉中，何等热闹，何等气派！

玉皇大帝光彩体面，神威远播，真正是上界主宰，天国领袖。

图五十九　翼城县中贺水村泰岱庙

图六十（一）　乡宁县云丘山张家坪村戏台

图六十（二）　乡宁县云丘山塔尔坡村戏台

图六十（三）　乡宁县云丘山下川村戏台

图五十九

图六十（一）

图六十（二）

图六十（三）

131

池神庙与九天圣母庙

站在运城池神庙前，蓦然想起一个词语：无孔不入。

我将之稍加改动，变为：无庙不入。

这自然是指古代戏台。

如前所述，池神庙有三座戏台，而且是一溜排开的三座连体的大戏台。试想，三个戏班同时登场，鼓乐齐奏，伶人同演，那该是怎样的声势，怎样的气魄！思思想想，惹人心痒，痒着想看，只是时光如流水，东去不复归，昔日的戏景是无缘亲睹了。那为何一座庙里竟建造起三座连体的大戏台？

因为这庙太重要了，不，是盐池太重要了。运城原是个小村，称为"潞村"。只因有个大盐池，来往运盐的车辆人马络绎不绝，依路驻扎，村落日渐庞大，先成镇，后成市，又因运盐发展为城，所以名为"运城"。运城盐池历史悠久，可追溯到上古的时候，据说黄帝和蚩尤大战，便是来争夺盐池。盐池利民富国，历代皇帝都注目之，敬之如神，越敬越神，盐池居然成了神。唐大历十二年，即公元777年封盐池神为"灵庆公"；宋徽宗崇宁四年，即公元1105年又封为"普济公"；明万历十七年，即公元1589年加封为"灵佑祠"。这盐池神几乎代代加封，声誉屡增。

敲击到此处，想到了戏剧宗师关汉卿。2012年，为给关汉卿写传记我前去考察，村人传说他曾在盐池看过戏，而且是受此激发才萌生了写戏的念头。据说，关汉卿看到的戏是《关大王战蚩尤》。蚩尤是上古时代的人，关大王是汉末三国的人，俩人打哪门子仗啊！可是，台上还真打起来了，打得不可开交。这俩人打斗是因为盐池水锐减，难以生盐。而池水锐减的原因是蚩尤作乱。蚩尤神通广大，武艺高强，何人才能降服他呢？唤来降魔的张天师也没有办法，不过，他推荐了个人，这人不是别个，就是关云长关大王。关大王领命，奏告皇帝，要盐池方圆三百里内的百姓，七日内不要外出走动。随即展开大战，关大王像生前一样英俊威武，提着他的青龙偃月刀，骑着他的赤兔马，和蚩尤厮杀在一起。《绘图三教源流搜神大全》记载了战况："忽一日，大风阴暗，白昼如夜，阴云四起，雷奔电走，似有铁马金戈之声，闻空中叫噪。如此五日，方且云收雾散。"交战的结果，不用说，关大王大获全胜，蚩尤又被打败，又被肢解一次。

这样的演出，这样的结局，是为关家先祖涂脂抹粉，关汉卿应该高兴才是。偏偏关汉卿非但不见笑容，还愁眉紧锁，他觉得这样写戏有点亵渎先祖。于是，赌气要写出歌颂关云长的好剧本，之后，写出了《关大王单刀会》。由这件轶事推想，有神通广大的池神坐镇，何须再劳驾关大王与蚩尤征战。池神不无虚幻。

虚幻的神灵不止池神，还有九天圣母。九天圣母也有大庙，在平顺县东河村。对于九天圣母，可能大家要比对池神熟悉。她在《水浒传》中曾出现过两次，一次是宋江上梁山后回家接老父，被官兵发现追赶，慌忙逃入玄女庙。玄女显灵吹起一阵风，飞沙走石，罩下墨云，吓退官兵，救了宋江不说，还派二位青衣仙女授他三卷天书。第二次是宋江归顺朝廷，奉命征辽，久攻不克，玄女授予破阵兵法。施耐庵写到此处，神采飞扬，好好将玄女装扮了一番："头绾九龙飞凤髻，身穿金缕绛绡衣。蓝田玉带曳长裙，白玉圭璋擎彩袖。脸如莲萼，天然眉目映云环。唇似樱桃，自在规模端雪体。犹如王母宴蟠桃，却似嫦娥居月殿。正大仙容描不就，威严形象画难成。"

施耐庵笔下的玄女就是九天圣母。玄女原是一只鸟，生了契，契建立了商朝，她也就是商族的始祖。唐朝武则天将玄女封为"先天太后"；宋真宗又封她为"元天大圣后"，而且，还举行了声势浩大的册封大典。就这样，玄女成为九天圣母。

也许玄女喜欢看戏，九天圣母庙在北宋便建有戏台，后来又数次重修，到现在戏台仍然保护完好，巍然高耸。不光戏台完好，庙内碑

丑之祸：神仙有无何渺茫

石林立，有关戏事的就多达十五尊。草草过目，发现这庙里戏事好盛：一是每年春祈秋报要演戏，春天祈请圣母保佑，秋天要还愿报恩，都离不开戏；二是圣母诞辰日要演戏，每年六月十九日要献戏三天；三是给庙中其他配神献戏，比如六月二十四日要为关老爷献艺唱戏；四是神像开光要唱戏，每每修庙，免不了重塑神身，塑完开光是大事，当然也要唱戏。如此频繁的戏事，演出是否草率？回答是否定的。《舞楼赋》碑文有观剧的感受：

镜花水月，即是而求幻境奇观，当前可睹。匾悬"阳春白雪"，常唱《阳春白雪》之词；牌挂"广寒清虚"，恍游广寒清虚。梨园之子弟，尽态极妍，披优孟之衣冠，式歌且舞。

戏台上唱尽阳春白雪，妙不可言；戏台下队戏游村，热闹非凡。此地最盛的是四景车会，集中数挂车辆，装上四季景色，从庙中出发，周游各村，又归至大庙。

这是九天圣母庙？我倒觉得，这庙是乡亲们的乐园，更是一座乡村大剧场。实事求是地说，门匾应换成：

九天圣母大剧场。

娘子关与碛口镇

娘子关在山西的最东端，碛口镇在山西的最西头，没想到这两头还都有古戏台。

娘子关在崇山峻岭间，碛口镇也在崇山峻岭间。山再高，沟再深，也阻止不住戏台的进驻，看看戏剧有何等大的魅力啊！这两个地方相比，娘子关和我更亲近，这是因为镇守娘子关的李三娘嫁给了临汾人柴绍，而柴绍与我是老乡。隋朝末年，李渊带着家眷从长安出来，回太原去，途经永福寺，因窦夫人分娩暂且住下。是晚，一月当空，片云不染，远山隐隐，野村蒙蒙，遥犬轻吠，寺中更为寂悄。李渊出来散步，听得竹林对过有吟诵诗书之声，不由得纵步前去。这不去还罢，一去却见了个英俊男儿，也就给自己的女儿找了个称心郎君。

这英俊男儿名叫柴绍，柴绍是钜鹿郡公柴慎的公子。李渊有意将女儿嫁给柴绍，这女儿就是李三娘。李三娘是女中豪杰，见过柴绍，相貌如意，却还要和他比试一下武艺。

也是个月夜，李三娘带一队女娘迎面站定，令旗一招，女娘们一字排开。柴绍看了道：这是长蛇阵。

话音刚落，李三娘令旗一挥，女娘们四方兜转，变为五堆，每堆四人，持刀相背而立。柴绍道：这是五花阵。

有女说：公子可否破得此阵？

柴绍挥刀入阵，与女娘们厮杀开来。月光刀光，闪闪晃晃，你来我往，英姿尽展。三娘暗服公子武艺过人，柴绍也叹服三娘是巾帼英杰。两人倾心相爱，月下结成美好姻缘。

随后，李渊从太原起兵反隋，柴绍立下汗马功劳，而李三娘也扯

起了一支娘子军。之后，李渊夺得天下，建立唐朝，因为临汾古称平阳，李三娘即成为"平阳公主"。平阳公主率领娘子军奔赴阳泉镇守苇泽关，军功赫赫，声名远扬。苇泽关便易名"娘子关"。

娘子关早就是我心中的一座丰碑。

李三娘端坐关楼上的正殿，对面有一座戏台。她可以看见戏台上的鏖战，密集的鼓点，加快了拼杀的节奏，血脉也随着那节奏鼓涌。抑或，人们不想让她的血脉鼓荡，演一场儿女情长，拉开幕便是花前

图六十三（一）—图六十三（二）

图六十四

图六十三（一）

图六十三（二）

图六十四

平定县娘子关戏台

平定县娘子关门楼

临县碛口黑龙庙戏楼

139

月下，便是莺声燕语，不知征战南北的女娘可否消受得了这般的似水柔情。我很喜欢这里的戏台，伶人的演艺不知多少次慰藉了英雄的灵魂。

碛口属于临县，在晋陕峡谷的黄河东岸。从东边上船至对岸下船就到了陕西的土地。当年，走西口的人们坐着破旧的木船，一代一代地过去，一代一代地回来。碛口，承载过无数湍流的生命，承载过无数强烈的欲望，碛口还让身心疲惫的人们再添活力。为人们增添活力的是一座戏台，台上有梦里的世界，走进那个世界，困乏的肢体可以安安然然停息，疲累的头脑可以静静悄悄休歇，干渴的灵魂可以痛痛快快饮一大碗甘霖，枯黄的情感则如同扑进颠簸激浪的黄河，淋漓尽致地畅游一回，游他个浑身醉美。

碛口戏台，滋润了多少鲜活的生命。

戏台坐落在大庙。庙是黑龙庙，神是黑龙神。龙王是管水的神灵，黑龙亦然。想那黄河的风波里定是潜藏着这神灵，神灵的一个激灵、一个翻跳，都可能是一个巨浪、一个狂澜。而那巨浪狂澜中的小船和小船上的生命，都可能化为水沫，随水漂逝。于是，一茬一茬走西口的汉子们用自己的腰包堆垒了这神庙，又堆垒了这戏台，用醉人的戏剧也去醉神，让神安宁些再安宁些、平和些再平和些。黑龙神安宁平和，黄河也就平和安宁，把一茬一茬的希望渡到对岸，又把一茬一茬的收获渡回了此岸。

黑龙庙寄托人们的愿望，古戏台滋润人们的心田。

碛口镇与娘子关不同，娘子关要一夫当关，万夫莫开；碛口镇要水路畅通，万民俱欢。

碛口镇与娘子关相同，都有一座戏台，都可以从台上的纷纭故事中吸取滋养生命的精神力量。

神庙剧场留下的警示

遍访古戏台，我多次走进庙宇。回味所见到的神灵，居然发现先祖的崇拜和信仰早就进入了误区。概括这个误区，可以画一条滑落的线条。说滑落是指供奉的神灵价值是呈下降趋势的，这从上文涉及的诸神就可以看出。早先无论是尧，是舜，还是禹，都对当时的社会发展具有引导作用，是他们带领先民认识自然、适应自然，甚而驾驭自然，推动了人类的进步。到了汤王已下滑了一步，他对顺应天地没有什么功绩，但是，他仁爱子民，尚有宁肯牺牲自我，也要普救众生的诚意，所以受到了广众百姓的尊奉。如果说，我们的信仰一直站在这个高坛上，就会以认知天地、仁爱他人为荣，那么，世间的繁荣祥和就会与时俱进。可惜，我们的信仰没能在这个平台站定，又滑落了。

这一次，我们的信仰高度滑到了关羽、栾成这里。试问，这二位对天地有什么新的认识？对自然有什么新的驾驭？对仁爱有什么新的推动？没有。二位都是战将，是以战胜敌人为己任的。敕封他们为神的是皇帝，皇帝赏识是看中他们能为主子效忠，能为王侯卖命。于是，皇帝为他们涂上忠义的浓彩，请进庙中，成为芸芸众生膜拜的神灵。这样，受拜者不会因为成王当侯而分得财产田地，而叩拜者却可能奴化为皇宫门庭的一条看家狗。人们的思想认识，就在皇家封神的指挥棒下由广阔的天地拐进了狭窄的胡同。

如此状况真让我们难过。不过，更让我们难过的还在后头，还在供奉对象的又一次滑落。这次滑落得更快、更急、更深，简直称得上"疑是银河落九天"。于是，我们看到了端坐于神庙的真泽神少女二仙、康泽王少男橛儿。

真泽神的庙宇在壶关县神郊村。据说，成神前二位少女是壶关

141

图六十五　壶关县真泽宫戏台

图六十六　临汾市尧都区康泽王庙

图六十五——图六十六

县任村人，家境贫寒，少而更事。夏日去田间捡麦穗，农人收获得极净，未能满篮，眼看天晚，姐妹仍埋头寻捡。忽然云霞翻卷，落地成龙，姐妹两个乘龙而去。这不过是个美妙的传说故事。可在崇宁年间，宋军与西夏军在边塞大战，眼看粮草殆竭，难以为继，时刻面临着全军覆灭的危机。将领焦虑万分，夜难成眠，偶一打盹，忽见两位少女送来粮草。清晨，帐外果然添了两口大瓮，一口盛着饭，一口装满草。无论是粮还是草，皆取之不尽，用之不竭。宋军大喜，精神陡振，上阵杀敌，大获全胜。缘于此，皇帝将二位少女封为真泽神，建起真泽宫。戏台当然不会少，还是三连台，一大两小，一高二低，看上去错落有致，新颖悦目。仅仅是为了视觉的美观吗？不是。据说，中间大台专演大戏，大戏当然是大戏团、大阵营出演。两侧的小台多演还愿戏，还愿戏是一家一户奉银，很可能请不起大团，所以小剧团、小阵营也有了亮相的空间。这种建构真算是体恤民情了。

康泽王呢，就更虚幻了，连真人也没有，从故事到人物都是编造。据说，刘渊在平阳建都后招募能者筑造城墙，有个少年揭榜领命，七天便将城墙筑好。这个少年当然非同寻常，是下凡的龙子。刘渊觉得奇怪，派兵捉拿，追到山前，少年无路可逃，倒地变作一条蛇，将领拔剑就砍，只砍断尺把长的蛇尾。顿时，血流不止，流着流着成为溪水。后人感念他为凡尘送水，建庙祭祀。后来，宋徽宗将之封为康泽王。

神灵在一步步玄妙虚幻。如果说，关羽、栾成的神化，还是对真实人物、真实事件的拔高，还没有脱离真实的意味，那么到了给少女、少男封神，那可就完全成了虚无奇幻的玄想了。这种假想虚构，用来进行文学艺术的创作是一条正路，而用来视作思想信仰的楷模，那可就误入歧途了。循着这样的路子，人们不需要再面对现实，正视自然，而是妄自尊大，高吟"人有多大胆，地有多大产"，这个世界不乱套才怪呢！至此，我清楚地看到，国人不知不觉已钻进了思想的牛角尖、死胡同。

可是，谁也没有这么清醒的认识，反而献戏祭祀，反而顶礼膜拜，在红红火火的歌舞里，在一波三折的剧情里，国人钻进了精神黑洞。而在此时，欧洲的文艺复兴就要到来，西方人就要打破中世纪的黑暗，进入天开地阔的新时代！

神庙剧场，似乎在告诉我们，具有五千年文明史的古国就这么没落了。

神庙剧场，似乎在告诉我们，一个闪耀在人类苍穹的巨星就这么暗淡了。

净之篇：不信东风唤不回

有元曲唱道：世态浮沉，年光迅速，人情颠倒。

人情颠倒是何种面貌？又有元曲唱道：不读书有权，不识字有钱，不晓事倒有人夸荐。老天只恁忒心偏，贤和愚无分辨。挫折英雄，消磨良善，越聪明越运蹇。志高如鲁连，德过如闵骞，依本分只落得人轻贱。世俗，看取，花样巧番机杼。乾坤腐儒，天地逆旅，自叹难合时务！

如此曲调，唱出了一个乱纷纷的尘世，诚可谓红尘滚滚，颠倒了是与非。

如此乱世，谁来净化？

剧坛文士，演艺伶人。

这不是我的主观武断，打开往日的剧本，观看戏剧楹联，鉴赏存世的壁画、木版年画和纱阁戏人，这些文物无不闪射着精神的光芒，无不展示着正义的力量。

本来是消遣，本来是娱乐，本来是搞笑，却在消遣、娱乐、搞笑中寓教于乐，承当了净化人心、净化社会的大任，这就是中国戏剧，这就是戏剧文物留给当代人的沉思。

沉思，一个人应该有何等良知，应该有何等举止。

戏台上的反贪图

很小的时候就听说，人心不足蛇吞象，贪心不足吞太阳。

这是劝人要遏制欲望，要有所收敛，要知足常乐，不要放纵欲望，不要肆无忌惮。否则，就会有意料不到的祸端。蛇和象这两种动物，一小一大，放在一起反衬，最具讽刺效果。因而，引出的贪心不足吞太阳也就好理解了。原以为贪不过是人对欲望无限的理性表达，哪里知道在临汾市尧都区东羊村元代戏台上，竟然能看到贪的形象。

这是一幅钟馗降贪图。

贪，在这里变成了野兽，还是个凶猛的野兽，但是，也斗不过法力无边的钟馗，只能乖乖就擒。这画幅未免简单，只在雪白的墙壁上用墨色勾勒一番，就将抽象变为形象，就将祖辈流传的格言活画出来了。选取钟馗降贪，真可说独具匠心。

钟馗原本是抓鬼降妖的大神，这里借助他的威力，开辟出新的除恶扬善的意义。钟馗在民间传说很广，最早记载其人其事的是唐朝的卢肇，他将钟馗书写在《唐逸史》中。钟馗家住终南山，唐高祖武德年间，他前往长安应举，答题毫无偏差，但由于面目丑陋，居然被拒之门外。钟馗羞于回归故里，一头碰死在殿前的石阶上。到了开元年间，忽一日，唐玄宗小染病疴，昏睡中梦到一小鬼登堂入殿，盗窃他的玉笛和杨贵妃的绣香囊。唐玄宗大怒，正要高喊武士捉拿，忽见一蓬发虬髯、面目狰狞的大汉闯进大殿，他头系角带，身穿蓝袍，皮革裹足，袒露一臂，伸手便抓住了那个盗物的小鬼。他将小鬼拿捏在掌中，剜出眼珠，张嘴吞下。唐玄宗大吃一惊，忙问他是何人？他就是钟馗。钟馗向唐玄宗施礼，说明缘由。他死后幸蒙唐高祖赐予绿袍，施银下葬，心怀感激，故自愿为大唐抓鬼除妖。

唐玄宗梦醒后，疾病不治而愈，赶紧命令画家吴道子按照梦中的情形画出一幅钟馗抓鬼图。他在画上批曰："灵祇应梦，厥疾全瘳；烈士除妖，实须称奖；因图异状，颁显有司；岁暮驱除，可宜遍识；以祛邪魅，益静妖氛；乃告天下，悉令知委。"遂降旨将吴道子《钟馗捉鬼图》镂版印刷，广颁天下，让世人皆知钟馗的神威。据说，从那以后，钟馗捉鬼的故事便广为流传。

若是再往后追及，敦煌遗书中还有唐人撰写的《除夕钟馗驱傩文》。文章讲述，钟馗钢头银额，身披豹皮，用朱砂染遍全身，带领十万丛林怪兽，四处捉取流浪江湖的孤魂野鬼。可以看出，此时的钟馗早已深入人心，民间举办大傩仪式，钟馗成为抓鬼的主角。若换一种眼光看，这种仪式也被称作"傩戏"，钟馗早就走进戏剧的行列。

之后，钟馗成为审判邪恶的正义化身。《钟馗全传》写他蒙冤而死，惊动玉皇大帝。玉帝怜悯惜才，命他代表自己清查冥司。钟馗刚直不阿，遍历九大地狱，暗访十殿阎王，诛戮作恶的山魁。玉帝大为赞赏，授命阎君封钟馗为平鬼大元帅。不过，钟馗能够家喻户晓，还是得益于戏剧。戏剧《钟馗嫁妹》是他走进千家万户的最佳方式。

《钟馗嫁妹》一剧讲述钟馗成为平鬼大元帅后，位居天宫，凡心未泯，仍然关心还在尘世的妹妹。有一天，忽然感应出妹妹有难，一名恶霸要强娶她为妻。钟馗立即下降尘凡，把妹妹嫁给与他同时进京考试的同窗杜平。妹妹出嫁时，鬼卒们抬花轿，搬嫁妆，提灯笼，好不威风。途中与前来抢亲的恶霸碰个正着，把那厮吓了个半死，再也不敢为非作歹。

由此反思，从钟馗抓鬼到钟馗降贪，是钟馗智能的拓展，更是钟馗生命的升华。鬼是什么？是人们认知里的邪恶。鬼是一个大怪物，一切害人之举都可囊括在其中。鬼似乎形象，其实很虚幻。贪则不同，是人生欲望的过头之想、过头之求。贪欲如不遏制，就会有害人之行，有害人之行，就会沦为恶鬼。与其抓鬼，不如降贪，防患于未然。抓鬼，是惩恶；降贪，是劝善。惩恶，不是戏剧能担当的使命，即使勉强为之，也是一个虚拟的故事。劝善，则是戏剧能够胜任的，是戏剧能表现的永恒主题，即恶有恶报、善有善报。

　　小时候看戏，常听大人们说，白花脸最怕戏完时。白花脸一般都是奸臣、坏人，戏剧终结时作恶多端的他们必受严惩。起因何在？还不是没有遏止贪欲。遏止贪欲，劝人向善，戏剧用明丽的光彩照亮了一代又一代华夏儿女。

　　一幅钟馗降贪图，实际是在外化中国戏剧的内涵。

图六十七　临汾市尧都区东羊戏台钟馗降贪图

149

关帝降贪代钟馗

　　降贪图再次出现在我面前，是在临汾市尧都区邰村戏台的后壁上。这幅图胜过东羊戏台那幅对我的震撼。画面上降贪的人物变了，变成了关云长。顿时，我浑身一震，禁不住暗自叫好！

　　让关云长降贪实在是太知人善任了。尽管我认为将关云长供奉在大庙之中是一次信仰的下滑，但是，要他出任降贪大帅那可最为适宜。在国人的精神世界里，关云长是忠义的杰出代表。《三国志》写他与刘备、张飞情同手足，刘备与二人寝则同床，亲若兄弟。倘若人多时，关云长则侍立终日。他随先主征战，不避艰险。

　　建安五年，即公元200年，曹操东征刘备，关云长奋力厮杀，终因寡不敌众而战败。为保全刘备的二位夫人，只好委身于曹操门下。曹操甚爱关云长，拜他为偏将军，厚礼以待。袁绍派遣大将军颜良前往白马攻打东郡太守刘延。曹操使张辽和关云长为先锋解围。关云长看见颜良麾盖，立即跃马奔上前去，在万军之中斩下他的首级。袁军四散，白马之围得以解除。曹操更加喜欢关云长，立即封他为寿亭侯。由偏将军一跃而为寿亭侯，真可谓飞黄腾达。

　　如果关云长就此跟定曹操，前途一片光明，大有"晴空一鹤排云上"的趋势。可就在此时，他得知兄长刘备在袁绍军中的消息，当即要辞别曹操，去找兄长。曹操料知关云长会走，故意闭门不见。关云长两番上门辞行，未能如愿，只好留下一封书信告别而去。

　　至此，一个浑身忠义的英杰跃然纸上，呼之欲出。不，不是呼之欲出，而是早就屹立在国人的心目中。随着历代皇家的重视，关云长由封侯到封为公、封为王，进而封为三界伏魔大帝。巍巍乎显赫于人世，让他来降伏贪欲、降伏贪腐，实在非常称职。不过，我以为关云长称职，绝不只是这些，还有一个最为重要的品格，这在《三国演义》里，关云长离开曹操时有两个细节特别应该关注：

一是嘱咐手下人，原赐之物，尽数留下，分毫不可带走；二是将累次所受金银，一一封置库中，悬汉寿亭侯印于堂上。然后，请二位夫人上车，自己骑上赤兔马，手提青龙偃月刀，率领旧日跟随人役，护送车仗，出北门而去。行笔至此，关云长堪称"两袖清风风清清，一身正气气昂昂"。何以至此境界？根本原因在于不贪。不贪物品，原赐之物，尽数留下，一物不带；不贪金银，累次所受金银，封置库中，分毫不带；不贪权势，封侯印玺悬挂于堂，不曾带走。不图权势，不图名利。世上还有比他更为高尚廉洁的人吗？关云长实在太令人敬仰了，可是还有让人敬仰的。《三国演义》侧面写道：有人报于曹操，美女十人，另居内室。哈！又一个不贪，不贪色。这不贪色恐怕是当今世人更难做到的。

如此清心寡欲，如此清正廉明，让他降贪会疾恶如仇，会从重从速，世界岂能不太平？

也许有人会说，这里依据的材料多是《三国演义》上的，演义不是史料，不足为凭。其实，此论差焉，国人的道德伦理都是从演义和戏剧中建立起来的。鲁迅就曾说过："我们国民的学问，大多数确实在靠着小说，甚至于还靠着从小说编出来的戏文。"戏剧，更多地建构了民众的精神天地。关云长名声如此之大，起初还不是关汉卿一出《关大王单刀会》的大戏唱响民间，才使他名扬华夏的吗？

为什么东羊戏台是反贪图画？

为什么邰村戏台还是反贪图画？

回答可以使用吕洞宾的一首打油诗。这首打油诗的背景是，吕洞宾去一个小酒馆就餐，老东家待他热情尽心。他深受感动，问老人家有何欲求，老人家说没有。为表达心意，他略施小计点化了后院的一眼水井。从此，水井成为酒井，打出来就能卖钱。又过若干年，吕洞宾再次来到此地，小酒馆早成为大酒店，待人的态度却大不如先前。

他找到执掌门店的小东家，说明前因，问他还有何求。年轻人叹息说，井水能当酒卖，可就是没有酒糟，不能养猪。吕洞宾叹息说：

天高不算高，

人心第一高。

拿水当酒卖，

还嫌猪没糟。

叹毕，又略施小计，将酒井还原为水井。

可见，教化人有多么重要。中国的戏剧就担当着这教化重任，所以，降贪图屡屡出现在戏台毫不奇怪。

神庙剧场，早就是我国劝善戒贪的大课堂。

图六十八（一）　临汾市尧都区邸村戏台

图六十八（二）　临汾市尧都区邸村戏台关公殿斋壁画

图六十八（一）—图六十八（二）

153

画龙点睛看戏联

惩恶扬善并非唯有画图，戏台楹联也可窥得一斑。

在山西古代戏台中寻觅，清代戏台多数都有楹联。乍看楹联是个小摆设，有也可，无也可。然而，细细琢磨这楹联实在不敢轻慢，其往往是戏台功能的简要概括，往往是戏剧作用的精神提要。

临汾市尧都区有个三淇村，十年前我去时戏台已基残顶透，但两边的山墙还在，楹联还在：

曲调六品五音图写成千载悲欢离合；

人演九流三教形容生历代忠佞贤奸。

短短三十个字，写尽了戏剧的奥妙，看得人眼亮心热。上联写人情冷暖，下联写世事混沌。这恰是戏剧的主旨故事，人情冷暖变化莫测，却要唱出千里共婵娟；世事混沌清浊难分，却要判定忠佞贤奸。众生在尘世里烦恼煎熬，走进戏剧里边超然物外，来他个暂时逍遥，期待着善有善报。

上联悲欢离合，让人想起石君宝的剧本《李亚仙花酒曲江池》。青春勃发的郑元和进京赶考，遇到了李亚仙，看直了眼，禁不住夸赞："那一个分外生的娇娇媚媚，可可喜喜，添之太长，减之太短，不施脂粉天然态，纵有丹青画不成，是好女子也呵！"李亚仙也为郑元和所倾倒，戏里唱道："他将那花阴串，我将这柳径穿。少年人乍识春风面，春风面半掩桃花扇，桃花扇轻拂垂杨线，垂杨线怎系锦鸳鸯，锦鸳鸯不锁黄金殿。"一见钟情，便禁不住倾心合欢。偏偏李亚仙是个风尘女子，与之合欢需要银两。银两花光，郑元和被赶出烟花院，一对有情人生生被撕开，离情苦煞人。郑元和流落街头，"遍乾坤冬寒暮景，寰宇内糁玉筛琼。长街上阴风凛冽，头直上冷气严凝"，冻得好不凄凉！所幸，李亚仙痴情不减，要与郑元和"埋时一处埋，生时一处生"。她与郑元和另寻房屋居住，教他用心温习经书。来年科考，郑元和金榜题名。几经周折，一对有情人终成眷属。一场戏，唱出了几多悲欢离合啊！似这样的悲欢离合，何止《李亚仙花酒曲江池》，世事多周折，人间多离合，戏台上的悲欢离合撕扯着多少人的心，抚慰着多少人的心。

下联忠佞贤奸，让人想起关汉卿的剧本《感天动地窦娥冤》，那简直是关汉卿对混沌尘世的大揭露、大洗涮、大医治。那倒霉的社会，人心溃散，良知泯灭，为活着可以出卖肉身，为利益可以出卖灵魂，为金钱可以出卖权力。一个"卖"字主宰了世道人心，谁还敢企盼有好日子过呢？说不定闭门家中坐，祸从天上来。我们跟着关汉卿去看看那时的社会、那时的人。

看官，官贪成风，梼杌就是典型。上场几句话就暴露了贪婪无赖的嘴脸："我做官人甚殷勤，告状来的要金银。若是上司当刷卷，在家推病不出门。"告状的张驴儿走进衙门，跪见他，他也下跪，祗候不解，问他，他回答得入木三分："你不知道，但来告状的，就是我衣食父母。"轮到审案，认准一个"打"字，反正收下张驴儿的银钱，不打招窦娥怎结此案？这样的无赖贪官主管世事，社会岂能不混乱？

看民，民心蒙尘。赛卢医、张驴儿如此，即使蔡婆婆也好不到哪里去。赛卢医的阴暗心理是："行医有斟酌，下药依本草。死的医不活，活的医死了。"可恶行为是，欠银两不还，竟然动了杀念，将蔡婆婆骗至野外，取出绳子行凶，若不是张驴儿父子赶到，就勒死了她。他的丑行，被张驴儿抓住把柄，人家一讹诈，慌忙卖给毒药。一个以治病救人为天职的医生沦丧到这种地步，其他人可想而知。

张驴儿呢？更是一副流氓相，满嘴地痞腔。救命本是好事，可一听蔡婆婆儿子身亡与媳妇苦度时光，就心生歹意，对他爹说，不若你要这婆子，我要他媳妇，何等两便？蔡婆婆不从，他翻脸呵斥：赛卢医的绳子还在，我仍旧勒死你罢。吓得蔡婆婆只好带他父子回家。张驴儿得意地道："帽儿光光，今日做个新郎；袖儿窄窄，今日做个娇客。好女婿，好女婿，不枉了，不枉了。"见到窦娥，张驴儿伸手便拉扯，被人家推开，竟无耻地说："这歪刺骨！便是黄花女儿，刚刚扯的一把，也不消这等使性，平空的推了我一跤，我肯干罢！"以致下手投毒要药死蔡婆婆，霸占窦娥。岂料他贪吃的父亲误食毒汤，当即亡命。这便诬陷窦娥，终至引发冤案。张驴儿是个赖得不能再赖的人，坏得不能再坏的人。

那蔡婆婆呢？看似不恶，还逆来顺受不无柔弱，可就是这个柔弱婆婆放高利贷引起这场人祸。幼习儒业、腹有文章的窦天章，功名未遂，一贫如洗。因无盘缠，曾向她借了二十两银子，本利该还四十两。被逼无奈，只有将女孩儿端云送与蔡婆婆做儿媳妇。那个赛卢医也是她高利贷的受害者，借给十两银子，本利加到二十两。赛卢医还不起，才萌生杀人恶念。而一旦遭受危机，为了活命，什么丢人现眼的事也敢答应。在那个年头，柔弱也能蜕为柔恶。

这世上还有好人吗？有，就一个：窦娥。她年不高，却颇懂礼仪；身柔弱，却颇有骨气。婆婆答应她俩分别招赘张驴儿父子为婿，她坚决不从，还怒加驳斥："遇时辰我替你忧，拜家堂我替你愁。梳着个霜雪般白鬏髻，怎将这云霞般锦帕兜？怪不的女大不中留。你如今六旬左右，可不道到中年万事休！旧恩爱一笔勾，新夫妻两意投，枉教人笑破口。"

她冤屈受刑，咬碎痛苦，决不招供，那情形叫人目不忍睹："是谁人唱叫扬疾，不由我不魄散魂飞。恰消停，才苏醒，又昏迷。揸千般打拷、万种凌逼，一杖下，一道血，一层皮。……打的我肉都飞，血淋漓，腹中冤枉有谁知！"

就这窦娥也咬碎痛苦，坚决挺住。可是一听梼杌说，既然不是你，与我打那婆子！她赶忙说："住、住、住，休打我婆婆，情愿我招了罢……"

明礼、坚贞、善良，集于一身，这就是窦娥。这窦娥是关汉卿呵护的一点星光，让世人看到良知尚存，好人还有，还不是黑暗得见不到一丝光亮。

然而，这世上什么龌龊都能容纳，就是容纳不了窦娥这样的纯净；这世上什么坏人都能容纳，就是容纳不了窦娥这样的好人。窦娥竟然要被施刑杀头，这还有天道王法吗？关汉卿满腔怒火，要爆发，要呐喊，他让柔弱的窦娥替他发出惊天地、泣鬼神的呐喊：

没来由犯王法，不提防遭刑宪，叫声屈动地惊天！顷刻间游魂先赴森罗殿，怎不将天地也生埋怨？……有日月朝暮悬，有鬼神掌着生死权。天地也，只合把清浊分辨，可怎生错看了盗跖、颜渊！为善的受贫穷更命短，造恶的享富贵又寿延。天地也，做得个怕硬欺软，却元来也这般顺水推船。地也，你不分好歹何为地！天也，你错勘贤愚枉做天！哎，只落得两泪涟涟。

两泪涟涟的窦娥死了，冤屈死了！死得让人泪水洗面，死得让人愤愤不平！

人世难道就这么黑暗，这么无望？关汉卿不会让黑暗永驻，让人们无望，他让进京赶考的窦天章皇榜高中，加官两淮提刑肃政廉访使，为女儿洗净冤屈，还以清白，一个晴朗的日月重新再现。

这就是戏剧舞台上的忠佞贤奸，恰如同榆次城隍庙那副楹联：

善报恶报迟报速报终须有报；

天知地知你知我知何谓不知。

这下联又牵扯出一个典故。汉代杨震赴东莱担任太守，途经昌邑县，下榻于馆驿。昌邑县令王密，是杨震推荐才就任的。夜阑人静，王密怀揣十斤金前往馆驿相赠，报答杨震的知遇之恩。杨震坚辞不受。王密急切地说："此时深夜，无人知矣。"杨震却告诫他说："岂可暗室亏心，举头三尺有神明，此事天知、地知、你知、我知，何谓无知？"

之后，杨震成为有名的"四知"太守。到了唐朝，胡曾还以此写下一首《关西》诗：

杨震幽魂下北邙，

关西踪迹遂荒凉。

四知美誉留人世，

应与乾坤共久长。

这"四知"成为后世戒贪守廉的一根标杆，更是戏剧弘扬的一种美德。代县鹿蹄涧杨忠武祠和戏台之间有两座牌坊，其中一座上的题额就是"四知"，另一座的题额是"明道"。一个人若能"明道"，若能"四知"，那他做人是贤士，为官是忠臣，那这尘世就杜绝了歹徒奸佞，社会就能风清气正，百姓就能安居乐业。

戏台上的楹联真不简单，寥寥数语，就活画出无数平民的渴望追求。晋祠水镜台上曾有一副长联，更是浓缩了世间万象：

临回望之广场，飘轻裾曳长袖舞，虽云优孟衣冠，而君君臣臣、父父子子、兄兄弟弟、夫夫妇妇伦理，都从丝竹管弦中抑扬绘出；

呈角抵诸妙戏，著假面拗真腰标，只属侏儒伎俩，则文文武武、鬼鬼神神、是是非非、奇奇怪怪情形，竟自清词丽曲里婉转传来。

这幅长联的作者刘大鹏，肯定学识渊博，思路开阔，若不然怎能在一副楹联里写透梨园风情和世间风俗，又将两者缕接得天衣无缝。

山西戏台遍地，戏联满目，不妨再赏几副，品味甘贻。运城市三路里三官庙戏台对联是：

妙舞翩跹红袖影飘绿树月；

艳歌婉转紫箫声断碧云天。

若是这楹联对戏剧的描述不完善，沁水县杏峪村玉帝庙对联则可补遗：

歌音婉转如闻好鸟枝头；

舞态轻扬可想落花流水。

上面这些联，一看就懂，只是少了点儿嚼头。万荣县后土祠那联似乎就是"蒸不烂，煮不熟，捶不扁，炒不爆，响当当一粒铜豌豆"。那并列的两台，东台对联是：

前缓声后缓声善哉歌也；

大垂手小垂手轩乎舞之。

西台对联是：

空即色色即空我闻如是；

画中人人中画予意云何。

如果这副对联太玄妙的话，那么，后场楹柱尚有一联，可以帮助理解：

世事总归空何必以空为实事；

人情都是戏不妨将戏作真情。

这联既出世，又入世；既讲情，又说戏，将人世情事说了个透彻明白。若说明白，运城市池神庙戏台联最明白不过了。中间联为：

奸雄百计得便宜难免当场唾骂；

忠贞一时受困苦须知后世称扬。

这是说戏，又是说人生，说得清清楚楚、透透彻彻。不光如此，好心的作者还怕世人不会看戏，又撰一联，悬挂次间：

要看早些来好文章惟争入首；

须观完了去大忠孝皆在后头。

只要依此联的教导看戏，没有看不懂的。襄汾县尉村戏台那楹联说得透彻明白：

鉴古绳今有功世教；

宣和奏雅以律人心。

这楹联好是好，却像板着严肃的面孔在教化人，听的人屏声敛气，却难免昏昏欲睡，好在外侧联不再摆架子，顿时轻松了好多：

即景生情水月镜花皆妙悟；

逢场作戏吴歌楚舞尽奇观。

唱大戏的台大，联妙，多趣。那么，木偶戏台该是何联？据说，洪洞城里原有木偶戏台，台联是：

159

真君子不敢出头露面；

假人儿偏能借口传言。

真实，传神，还有些讽刺意味。戏台上的楹联让人百看不厌，百思方解，解其字，品其味，犹如孔子闻韶乐，美哉，美哉！

独具风韵的纱阁戏人

一花引来万花开。

这不是一句新鲜迷人的话语，但是用之比喻戏剧文化的魅力，却最贴切不过。在中华文明史上，长达几个世纪，戏剧都是娱乐的主要形式，也是传播历史知识和思想文化的主要手段。因而，便生发出许许多多的衍生品。平遥纱阁戏人，就是戏剧文化天地里别开生面的一朵奇葩。

平遥纱阁戏人，可分为三个词语理解：平遥、纱阁、戏人。

平遥，是纱阁戏人的产地，始建于唐代的清虚观内收藏着这一奇葩。据说，原有36阁，现在尚存28阁。这些纱阁戏人制作于光绪三十二年，即公元1906年，制作者为"古陶六合斋"，或名"五云轩"。"古陶"是平遥的代指，王莽新政时这里曾称"平陶县"，北魏后改称"平遥"，因此，不少文士学人都以"古陶"称之。"六合斋"是平遥一家纸扎铺的字号，老板名叫许立廷。"五云轩"是家木器行的字号，当是制作纱阁戏人的作坊。

纱阁，是整个艺术作品的外在造型，由木阁和隔断组成，前额装饰雀替，犹如一座袖珍戏台。木阁高77厘米、宽83厘米、深44厘米。除去木板厚度，内部空间高64.5厘米、宽74厘米、深36.5厘米。隔断包括纱阁后壁与左右题壁，后壁是戏台前后台的分界，多采用三折七屏形式，与真实戏台的区别仅在于省略了上下场门，后壁中间上方挂着题写剧名的横额，七条屏间绘有山石花鸟，甚至连醒世劝人的楹联也不缺少。左右墙壁还有题记，或为格言，或为诗歌，末尾署以店铺名或年月落款，真是麻雀虽小五脏俱全。

戏人，是整个纱阁戏人的灵魂，制作精细，形象逼真。如此精美的艺术品，用材却极为简单，无外是随地可取的秸秆、谷草根、铁丝、麻线、麻纸或草纸。制作流程与雕塑相似，先绑缚骨架，再用红胶泥塑成头与手足，而后裹纸和彩绘，工艺越到后来越精细，裹纸要裹出人物姿态，彩绘要绘出人物表情，最后再轻盈盈将服装、头饰添加上去。这一来，生末净旦丑，个个活灵活现，酷似在戏台上演出，因称"纱阁戏人"。

纱阁戏人来源于民间风俗。宋代以后，民间丧葬礼仪中的纸扎日渐增多，要陪葬童男、童女，还有代表长寿的仙鹤，等等。这些纸扎都做得精细讲究、栩栩如生。吸取纸扎手法塑造人物，缩小戏台仿制纱阁，再选择有教育意义的戏剧片段，统筹而成，便诞生了崭新的纱阁戏人艺术。

精巧的造型，使纱阁戏人具有很高的观赏价值，家置一件顿添典雅风韵。更重要的价值在于，其所选戏剧内容颇具教化作用，映亮了道德星空。现存的纱阁戏人所展现的戏剧有：《八义图》《赶龙船》《五岳图》《百花记》《祥麟镜》《借伞》《佘塘关》《困潼台》《斩黄袍》《鸿门宴》《飞虎山》《春秋笔》《碧玉环》《满床笏》《大进宫》《战洛阳》《反棠邑》《铁钉床》《画春园》《恶虎村》《金台镜》《溪黄庄》《狐狸缘》《金马门》《南阳关》《邓家堡》《岳飞北征》《司马庄胭脂计》。这些戏剧无一不是以德育人、以情感人。

就让我们品味一下《八义图》吧！《八义图》，又名《搜孤救孤》《赵氏孤儿》。这是春秋时期发生在晋国的一件大事。大事的起点自是因为赵氏家族权倾朝野，威胁到了国君。其时执掌国政的是赵朔，他的父亲是赵盾，祖父是随从重耳逃亡的赵衰，赵朔的权位自然是一代一代世袭过来的。赵朔执掌国政时，兄弟赵同、赵括都在朝内担任要职。此时，晋景公游猎饮酒，很少过问国事，却宠用司寇屠岸贾。屠岸贾施展权势时常受到赵氏家族的干预，因而图谋剪除赵氏家族的势力。

要灭除赵氏家族，总该有个理由，屠岸贾找到个理由，却很难让人信服。暴君晋灵公几次要杀辅佐他长大并坐上皇位的赵盾，均未得手，自己却被赵盾的从弟赵穿给杀死。由于晋灵公祸国殃民，继位的晋成公没有追究此事。然而，在晋成公死后，晋景公也即位十七年了，却要清算这笔陈年旧账，并且当事人赵盾也早已去世。这未免有些荒唐。

大夫韩厥最先得知了消息，告诉赵朔赶紧逃跑。赵朔不逃，甘心受诛。好在赵朔还不甘心家族从此覆灭，想留下个东山再起的根苗，将其怀孕的妻子托付给韩厥照料。好在其妻是晋成公的女儿，他连忙将妻子送进宫中保护起来。分别时，赵朔告诉妻子庄姬，孩子若是女孩叫文，合该赵家绝根；若是男孩叫武，为我赵家报仇。

次日，屠岸贾手持晋景公诏书，带兵包围了赵家。赵朔、赵同、赵括、赵婴各家老幼男女，除赵婴的儿子赵胜在邯郸留下一命外，全被杀害。据说当时尸横堂户，血浸庭阶，惨不忍睹。屠岸贾清点尸体，唯独不见庄姬，才知道她连夜躲进宫中，又听说庄姬身怀有孕，便设法要除掉这棵根苗。

还算赵家有幸，庄姬生了个男孩子，对外谎称是个女儿，已经死去。屠岸贾不会轻信，派人去宫中察看，庄姬把婴儿藏在裤中，那孩子竟然不吱一声，好歹躲过了一关。从人回报，屠岸贾仍然不信，认为赵氏孤儿已流落民间，便张贴告示悬赏，揭发孤儿者赏金千斤。知情不报，与窝藏者一样，全家处斩。孤儿风波闹得城中人心惶惶。

最为不安的是赵家的两个门客，一位是公孙杵臼，一位是程婴。这两位贤人都不甘心赵家就这么灭亡，一心要救孤儿，密聚一室商量救孤儿的办法。程婴说自家新生一婴，可以代替孤儿。公孙杵臼则乐意为救孤儿慷慨捐躯。当然，要从宫中救出孤儿，仅他二人还是不成，好在还有大夫韩厥做内应。

合议成计，程婴前去告发，若给他千金，他便说出孤儿的下落。屠岸贾求之不得，哪能不答应，立即让程婴带路前往首阳山公孙杵臼的藏身之地去搜查孤儿。搜到后将婴儿当即摔死，将公孙杵臼一顿乱棍打死。屠岸贾得意赵家从此绝了后代，岂不知韩厥已悄悄从庄姬手

图七十二　平遥县清代纱阁戏人《鸿门宴》

中将孤儿带出城去。当然，屠岸贾搜出来扔到山沟摔死的孩子就是程婴的亲生骨肉了！

可怜的程婴，眼看着自己的孩子被摔死，还遭受公孙杵臼的痛骂，心中是何等难受啊！回到都城，屠岸贾奖赏程婴。程婴推辞说："我原来为了领赏，今天杀死孤儿，自己解脱了，却受世人唾骂，哪里还好意思拿钱？我只请大人宽恩，将赵家尸骨收起，减少我的骂名。"

屠岸贾准许，并给了钱资，程婴置棺木埋葬了赵氏族人。事后，屠岸贾要封程婴官职，程婴不受，告诉他说："小人作了不义之事，在朝中会受人唾骂，愿远走山野，糊口度生。"

程婴辞别屠岸贾来见韩厥。韩厥将孤儿悄悄给他，程婴携着孤儿远走千里，隐居盂山。那盂山因为庇佑了赵氏孤儿，因此被后人叫作"藏山"。

十五年后，孤儿长大，《八义图》就是程婴绘来给孤儿赵武痛说往事的。恰在此时，晋景公得了重病，医治无效，疾苦难消。韩厥趁机进谏，说是因为有功劳的赵家断了香火。晋景公猛然醒悟，召孤儿还朝。于是，程婴带赵武返回朝中。晋景公命赵武续赵家之嗣，退还封地，随即赵武灭掉屠岸贾家族。

《八义图》情节曲折，主旨明确，无外是宣扬善有善报，恶有恶报，若要不报，时间不到；时间一到，一切全报。这样的主题，戏剧舞台上演唱，纱阁戏人上再现，道德的光芒无时无刻不在映照着世人。

戏味浓郁的木版年画

暖日和风，啼莺舞燕，小桥流水也飞红。

戏剧的盛行，盛行在勾栏瓦舍，盛行在神庙剧场，盛行在城市乡村的旮旮旯旯。这不，连木版年画也随之兴盛开来。平阳木版年画在全国名声赫赫，戏剧故事进入其中的多不胜数。随手一翻，就是一幅。粗略一算，戏剧故事进入平阳木版年画的几乎达到半数。作画印刷的有小戏，也有大戏。小戏多是给人一点谐趣，给枯燥的日子添点生活的作料，使之不再寡淡、不再难熬。最常见的是《老鼠娶亲》，热热闹闹的场景，总让人想起儿歌："八只老鼠抬花轿呀抬花轿，四只老鼠来吹号呀来吹号，两只老鼠放鞭炮呀放鞭炮，劈里啪啦，劈里啪啦，嘣叭！老猫听了还贺喜，'恭喜！恭喜！'一口一个全吃掉呀全吃掉！"

还有一出小戏也被刻画印刷，那就是《猴子抢草帽》。小时候，爸爸教我唱乱弹，就有一个《猴子抢草帽》的小段：

有位老汉七十三，

推车草帽过猴山。

走得累了歇歇脚，

猴把草帽都抢完。

急得老汉直瞪眼，

忽生一智把帽掼。

个个猴子都模仿，

草帽扔了一大片。

老汉忙把帽捡起，

捆在车上过了山。

这出小戏比《老鼠娶亲》进了一步，不仅有谐趣，不只在调笑，还有机灵聪明在里面。猴子机灵，老汉更机灵。猴子的机灵是模仿，老汉的机灵是利用了猴子的模仿。因此，猴子只能是机灵，而老汉却是机灵加聪明。正缘于此，人才能成为万物之灵。

小戏为大伙的生活增添情趣，时不时也悄悄输送些人生道理。不过，真正启迪百姓、感化百姓的还是木版年画上的大戏。常见戏目有《单刀会》《取洛阳》《回荆州》《美人图》《乌龙院》《天河配》《牧羊圈》等等，这些戏剧年画，无一没有教育意义。我最看好的年画是《望江亭》。《望江亭》是关汉卿笔下的一出戏，原名为《望江亭中秋切鲙》。在关汉卿的剧本里，反腐败、斗邪恶是主要题材。可是，让一个弱女子斗败朝廷命官关汉卿还真是第一个。请看剧情，美貌寡居的谭记儿嫁给前去潭州赴任的白士中，哪会料到看中谭记儿的大有人在，杨衙内就是一个。按理说，知道名花有主就该退避三舍，可这杨衙内不仅不退避三舍，还非要棒打鸳鸯。不仅要棒打鸳鸯，还非要将情敌白士中置于死地。而且，进京谎奏骗取了皇帝的势剑金牌，来势汹汹地捉拿白士中。白士中闻讯，愁眉不展，束手无策。危急关头，谭记儿临危不惧，假扮渔娘登船去给杨衙内切鲙。她卖弄风情，挑逗得那厮神魂颠倒，醉如烂泥。谭记儿趁机拿到势剑金牌离船而去，帮助丈夫躲过了飞来的横祸。

故事就这么简单，简单得未免有些直白。若是如此直白的表演，台下的观众不一哄而散才算怪。说到此，你不得不佩服关汉卿，他将混乱的世事一筛选、一提炼，往情节里一放，那故事顿时就鲜活得胜过真实的。试看两个主要人物：杨衙内和谭记儿。

杨衙内这样的人头上生疮、脚底流脓，坏透了。如何坏？关汉卿让他自白：花花太岁为第一，浪子丧门世无对。普天无处不闻名，则我是权豪势宦杨衙内。某乃杨衙内是也。闻知有亡故了的李希颜夫人谭记儿，大有颜色，我一心要她做个小夫人。颇奈白士中无理，他在潭州为官……倒娶了谭记儿做夫人。常言道："恨小非君子，无毒

千里驹

老鼠娶亲

望江亭

宋时，学士李秀卿喜颜夫人谭记儿丈夫亡去，出家之于杨衙内百般挑逗。记儿先秦之下，每日到清安观内与白道姑闲话，偶于白士中处见相见，二人都有心意，经道姑

撮合，二人结为夫妻。后来衙内想又于谭江亭将士中谢判的内娶害法办，谭记儿于望江亭冒计将士中谢的鱼条帝判办，故事由于关汉卿杂剧《望江亭中秋切脍旦》。

不丈夫"。他妒我为冤，我妒他为仇。小官今日奏知圣人：有白士中贪花恋酒，不理公事。奉着圣人的命，差人去标了白士中首级。小官道：此事别人去不中，小官亲自到潭州取白士中首级。

这么一个坏人，又拿了皇帝的势剑金牌，谭记儿如何斗得过？令人提心吊胆。就在提心吊胆里，化险为夷，谭记儿的果敢、聪明逐渐展示出来。且看她怎么与杨衙内周旋。

杨衙内挑逗谭记儿，出个上联：罗袖半翻鹦鹉盏。谭记儿马上对出：玉纤重整凤凰衾。

杨衙内又出一题：鸡头个个难舒颈。谭记儿对出：龙眼团团不转睛。

谭记儿哄得杨衙内连连夸妙，而后又给他敬酒。喝着酒，杨衙内写下《西江月》调情："夜月一天秋露，冷风万里江湖。好花须有美人扶，情意不堪会处。仙子初离月浦，嫦娥忽下云衢。小词仓卒对君书，付与你个知心人物。"谭记儿连声夸好，敬酒，回敬一词《夜行船》："花底双双莺燕语，也胜他凤只鸾孤。一霎恩情，片时云雨，关连着宿缘前注。天保今生为眷属，但则愿似水如鱼。冷落江湖，团圞人月，相连着夜行船去。"

……

就这么甜言蜜语地夸哄，哄得杨衙内亮出了皇帝给他的势剑金牌。然后，谭记儿频频给他们敬酒，直灌得一个个醉如烂泥。谭记儿就这么将那势剑金牌拿到手，从容离去。杨衙内丢了皇帝的势剑金牌，变得猪狗不如。谭记儿胜了，弱小胜过了强霸。

这哪里是演戏，分明是关汉卿向世人宣告，一个人只要不丧失人格，不畏惧强权，凭借自个的智慧完全能化险为夷，独立生存。戏剧在杜鹃啼血般呼唤正义、呼唤公正，呼唤人们为争取平等而抗争。

木版年画再现了戏剧，也再现了戏剧呼唤弘扬的道义。

169

百看不厌的戏剧壁画

争妍斗巧，笑声举，欢天喜地。

管弦齐备，音韵起，一台好戏。

看到洪洞县广胜寺明应王殿壁画，禁不住引出如上词句。那是一幅魅力无比的戏剧壁画。说到戏剧壁画，这不是首例，更不是唯一，可是我却觉得此画有鹤立鸡群般的超拔。

1991年，平定县姜家沟村发掘了一座宋墓。墓室的东南壁上就有一幅画，两侧画有青色帏帐，帐前画有7名弹奏的女乐人。乐人个个高髻罩纱，衣襟敞开，内出抹胸。有的弹奏方响，有的吹奏筚篥、笙，有的弹奏琵琶，还有击拍板、吹排箫和打鼓的。前面有两个女童随着音乐起舞。另侧的壁画虽已残缺，也能看出6位经过装扮的男子，其中5人弹奏、一人起舞。这壁画证实了戏剧在成长。

繁峙县天岩村岩山寺酒楼有幅说唱壁画，或许是在地面的缘故，发现得比平定县姜家沟村宋墓的壁画要早，1974年就进入研究者的视线了。此画绘于金大定七年，即公元1167年。画面多是佛教故事，也夹杂一些日常生活的场景。令研究者过目不忘的是画幅上的一座酒楼，帘帐高挑，内有一人演唱，两人伴奏。一女子执杖敲鼓，一男子击拍打板，还有一人手拿一卷戏本，侧脸说唱。画面简单，却显现了当时酒楼演唱的情景，为戏剧的成长再添佐证。

洪洞县明应王殿的壁画显示的不是戏剧成长过程，而是在展示戏剧的成熟。整个画面高4.11米、宽3.11米，画有形姿神态各异的11个人。前排左起第一人，身高173厘米，净面无须，蓝色宫装长及地面，胸前绣饰3条金龙，一腿露出靴尖，一腿半露红边长裤及黑靴，右手执宫扇，左手撩衣衫；第二人身高与前者等同，粗眉细眼，胡须络腮，微露牙齿，头戴黑帽，身穿黄底红蓝大花长衣，脚蹬黄色圆口鞋，手姿在表演，当为净色；第三个人在画面中心，身高178

厘米，面目清秀，头戴展翅幞头，双手执笏板，红袍及地面，仅仅露出穿着黑鞋的脚尖，细看两耳曾穿环孔，手指纤细修长，显然系女扮男装，当是忠都秀所扮演的正末色；第四个人身高也是173厘米，戴有髯口，身穿淡青滚边蓝底红花大袍，腰右侧横插有一卷黄色物件，脚蹬薄底黑靴，双手拱捧胸前，眼神注视左下方，似在恭顺聆听，当是外色；第五个人身高比前者仅矮2厘米，面容洁净，身着黄色圆领紧袖宫装，衣长及地，袖长过手，两肩及胸腹绣有4只白鹤图案的花纹，左手执大刀，右手掩于袖内，此人与左起第一人当为剧中红袍主角的侍从。再看后排，左起第一个人，从幔后露出头部，说明后面空间很大，可看出前后场之分；第二个人正在击鼓，短胡满腮，身着白衣，头戴红色蒙古帽；第三个人正在吹笛，着黄色蒙古装，头上也戴蒙古帽；第四个人似为净角，浓眉多须，也戴蒙古帽，身着蓝色衲衣，腰系折裙，脚穿茶色薄底鞋；第五个人似在拍板，内着紧袖红色衣服，外罩长已拖地的黄色帔子，右脚穿红鞋，还露出脚尖；第六个人是女侍，头发乌黑，右鬓插一朵白色小花，里面着黄色内衣，外面罩紧袖淡青色帔子，两手紧握宫扇。壁画除人物外，还有两侧绣花的帷幕，右侧图画以苍松为背景，一条黑龙张牙舞爪，怒目而视；左侧图画有一舞剑壮士，双臂伸开，挥剑斩杀。画面的舞台上还置有供给演员表演的朝笏、刀、扇之类的砌末。

精细的画面将元代戏剧的形态跨越时空传送到了我们的面前，由此可以看出三点，一是角色分明，二是乐队齐全，三是前后场用幕布隔断。戏剧的元素已经齐全，中国戏剧完全成熟了。

仅此幅壁画也价值连城了。不过，我喜欢这幅壁画，不在于此，而在于那条高悬的横幅："大行散乐忠都秀在此作场。"并有题为"尧都见爱"的上款和"泰定元年四月日"的下款。尧都指平阳，即今临汾；"大行"是当时的演出行院；"散乐"是当时对戏剧的称谓；"忠都秀"是一位很有名的演员，堪称现在的明星。这在说明，当时的戏班不只在大行院演出，还经常深入乡村演出。我对此感兴趣，是因为演出下乡，给百姓送去了精神快乐，送去了思想食粮。还是那个主旨，寓教于乐。

恰是如此，中华文明数千年，不作为的皇帝多得是，尤其是那位万历皇帝数十年不上朝，为何国家还能不乱，其中戏剧对民众道德教化的作用不能忽视。全国流行很广的《三击掌》便是一出教人进取的励志戏剧。王宝钏选定贫穷男儿薛平贵为郎君，父亲反对，她于是唱道：

老爹爹莫要那样讲，

有平贵儿不要状元郎。

有几辈古人对父讲，

老爹爹耐烦听端详。

姜子牙钓鱼渭河上，

孔夫子陈州绝过粮。

韩信讨食拜了将，

百里奚给人放过羊。

是这些名人名相名士名将

一个一个人夸奖，

哪一个他中过状元郎？

老爹爹莫把穷人太小量，

多少贫贱做栋梁。

父亲思想还不通，王宝钏又从反面劝导：

老爹爹不必气满腔，

儿不愿另选富贵郎。

富贵人只知把荣享，

难免遭妒惹祸殃。

有几辈古人对父讲，

老爹爹耐烦听端详。

李斯官大为丞相，

腰斩两截死咸阳。

韩信功高拜大将，

兔死狗烹丧未央。

邓通铜山钱财广，

冻饿难挨一命亡。

······

自古道功侯将相声威显赫一朝失势大祸降，

有道是象以齿焚麝以脐死人财两空好悲伤。

这通俗易懂的唱词，把做人的道理讲得何等透彻、何等清楚。在数百年的演出、传续过程中，许多戏文千锤百炼，精益求精，句句都是励志成才的格言。《三击掌》如此，《三娘教子》也是如此，请听一段王春娥教育儿子的唱段：

送儿在南学读孔孟，

只望你读书知礼有前程。

谁知你贪玩耍不把功用，

有几辈古人讲儿听。

黄香檀枕把亲奉，

王祥求鱼卧寒冰。

商洛儿连把三元中，

甘罗十二为宰卿。

你奴才将近十岁整，

若不用功万事都难成。

《三娘教子》又名《双官诰》。这哪里是在教子，是在教育普天下的人，是教育年少者如何成才，是教育为父母者如何教子成才。

戏剧就是数百年间教化万民的好教材。

剧场就是数百年间教化万民的好课堂。

每每坐在剧场，聆听演员一字一板地演唱，就会有杜鹃啼血般的感觉，那声音或婉转，或高亢，无不在励人向上、励人进取、励人立德、励人立功、励人立言，何愁东风唤不回啊！

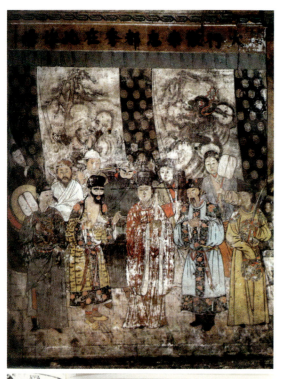

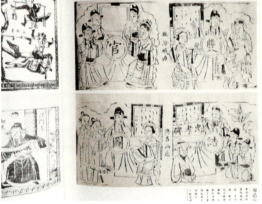

■ ■　图七十六　洪洞县明应王殿杂剧壁画
图七十七　戏剧壁画《双官诰》

图七十六—图七十七

174

末之篇：雕栏玉砌应犹在

元曲曾唱：绿柳青青和风荡，桃李争先放。紫燕忙，队队衔泥戏雕梁。

此曲可谓用春光美景唱出戏剧的红盛。

元曲又唱：败柳残荷金风荡，寒雁声嘹亮。闲盼望，红叶皆因昨夜霜。

此曲可谓秋至霜降，戏剧的红盛随水东逝去，不再来。

不只是戏剧的红盛，哪怕是戏剧过往的步履，也淡若草蛇灰线难以寻觅。一度想揭示往事的专家学者不得不挖空心思，可是挖空心思又能怎的？没有实证，不见蛛丝马迹，又何知戏剧的萌芽初始，戏剧的艰涩步履，戏剧的逐日成长，戏剧的繁荣昌盛。

寻寻觅觅，功夫不负有心人。蓦然回首，那人却在灯火阑珊处。

那灯火阑珊处的木刻、碑刻、砖雕、石雕……无不收藏着陈年往事，无不演绎着悲欢离合。那陈年往事，有着戏剧的草蛇灰线；那悲欢离合，有着戏剧的蛛丝马迹。

在草蛇灰线里，我们瞭望戏剧的陈年往事。

在蛛丝马迹里，我们感受戏剧的悲欢离合。

我们发现，雕栏玉砌应犹在，只是朱颜改。朱颜改，戏剧风韵不再现。

瓷枕铭记飞天梦

瓷枕何以铭记飞天梦？

因为那是一个雕刻戏剧故事的瓷枕。这瓷枕出土于大同城西的五里店，为元代产品，还是景德镇瓷窑制作的艺术珍品。

廖奔先生在《中国戏剧图史》一书中这样介绍，瓷枕前高13.3厘米，后高15.2厘米，长32厘米。枕面饰有花瓣，以边沿作屋檐，四侧各成一座宫殿，各饰一组人物故事。最为显眼的就是这组戏剧故事，其位置在瓷枕正前面，整个画幅构成一个月宫殿堂，里面端坐的是正在对镜梳妆的嫦娥，两旁有垂手而立的侍女、蹲伏的蟾蜍和捣药的玉兔。殿堂两边各有一位侍女，一人抱团扇，一人捧奁盒，随时听候使唤。整个画幅呈现的是戏剧《广寒宫》的故事。

瓷枕的戏剧故事，不只将元代戏剧情状展现给我们，还将国人那时的精神世界奉送给今天。今天，中华儿女正在努力实现全面复兴的中国梦，探月工程也是其中之一。我们的飞船被命名为嫦娥一号、嫦娥二号、嫦娥三号、嫦娥四号、嫦娥五号，还将以"嫦娥"为名一直延续下去。为何以"嫦娥"为名？因为嫦娥身上维系着中国人最早的飞天梦。嫦娥是神话人物，出现在国人的精神世界很早，几乎是随着中国的文明初生而出现的。史学家和考古学家有个共识，国家的诞生，即是文明的开端。我们国家初生于帝尧时期，文明的开端也就定位于那时。《嫦娥奔月》的故事，也生成于上古那个神奇的时代。

据说，帝尧时期曾经出现过前所未有的大旱。大旱的原因是天上十日并出，炙烤得焦禾木、涸河道，人们躲在山洞里气息奄奄。往常天旱，让巫师女丑在山头求雨，不多时就会天降甘霖。这一回，女丑没求到雨，还被晒死了。帝尧只好跪在地上祷告高天，天帝听到后，即派神射手后羿下凡。后羿领命带着妻子嫦娥来到人间。一到地上，他就发怒了，树枯了，草焦了，河涸了，遍地都是浮土，众人命悬一线，几近死亡。后羿按住火气劝导太阳下去，可哪个也不理睬他。后羿暴怒了，挽弓搭箭，就射掉一个太阳。顿时，天没有那么热了。后羿更为带劲，射出一箭又一箭，太阳掉下一个又一个，眼看天上只剩下一个太阳了，他又要拔箭去射，帝尧慌忙将他拦住，留个太阳还有用呀！就这么，天上只剩下一个太阳了，后羿为民除了大害。

　　后羿和嫦娥返回天宫，却被主管宫门的天神帝俊拒之门外。原来，那些太阳是他的宝贝儿子。后羿无可奈何，只好和妻子定居在人间。他不忍心嫦娥像凡人那样生活、死去，听说西王母有长生不老丹药，便前去求取。西王母非常同情他的遭遇，就慷慨给了他两份长生丹药。回到家里，夫妻俩都特别高兴，对月饮酒，后羿渐渐喝多了。这时，后羿的弟子逢蒙闯了进来，向嫦娥讨要仙丹。原以为逢蒙是个老实子弟，后羿就教他射箭，没想到他得到箭术还想长生不老。嫦娥不给，逢蒙伸手来抢。嫦娥慌忙把仙药都吞进口中，不料，忽然间身轻如燕，直飞天空。这时她才明白，这仙药是供两个人吃的，一个人吃了就会升上天空。天空空旷无边，去往何处呢？嫦娥只好奔向离地球、离亲人最近的月宫。

　　这就是神话故事《嫦娥奔月》。

　　这就是戏剧《广寒宫》的故事情节。

　　这神话里，这戏剧里，的确维系着华夏儿女最早的飞天梦啊！

　　一个元代瓷枕，收藏了那时的戏剧，也收藏了国人的飞天梦想、飞天情结。

　　瓷枕有多么珍贵，可想而知。

碑石镌刻的宋代戏台

有歌唱道：精美的石头会唱歌。

这里出现的石头不一定精美，也不会唱歌，却用无言的文字收藏了一座座宋代戏台。

宋代戏台如今早已绝迹。绝迹不等于没有过，可是，在没有证据前谁又敢断定曾有过。宋代戏剧渐趋兴起，多在城市演艺，不断在古籍里出现的"勾栏瓦舍"就是最好的例证。勾栏瓦舍与神庙剧场完全不同。前者纯粹以人的快乐为目的，后者则要借助敬祀神灵而娱人。宋代是中国造神的盛期，怎么会只有勾栏瓦舍，而无神庙剧场。似乎应该有，可是没有实证只能是猜测。

所幸碑刻将猜测变为事实。

碑刻都不复杂，多数是一通碑上的一行字，或者几个字。可就是这几个字，却耸立起一座戏台。

万荣县桥上村后土庙有一通宋天禧四年，即公元1020年的碑石。碑的正面是《后土圣母庙记》，碑的背面内容浩繁，分刻四栏。第三栏记有："修舞亭都维那头李廷训等，杨延嗣、杜文明、孙訵、李福全、柳茂真、丁思顺、李用、王质、孙廷义、畅遂、薛延嗣、孙普、牛钊、王密、孙惠宗、李显通、丰荣。"其中要紧的就是"舞亭"两字，这既说明后土圣母庙建有戏台，又表明原来戏台就称"舞亭"。当然若是细加体会，舞亭和戏台还是有所区别的，舞表演的成分多，戏演唱的成分多。因此，由舞亭可以看出戏剧成长迈进的脚步。研究戏剧的专家认为，该碑是迄今为止发现最早的戏台碑刻。中国的戏台何时发轫，如果再没有新的发现，将会定位于这通碑刻的公元1020年。

涉及宋代的戏剧碑刻，还有沁县城关关王庙碑石。碑刻的主要内容是记叙修建关王庙的状况，正背两面与戏剧有关的也就四个字："舞楼一座"。可就是这四个字，撑起了一座宋元丰三年，即公元1080年的戏台。

相比之下，平顺县东河村九天圣母庙碑石对戏台的记载还算详细。碑的正面刻有"命良工再修北殿，创起舞楼并东廊"等字样。碑石背面有三处提到"舞楼"："元符三年庚辰岁十二月癸巳朔二十二日乙卯刻字毕，修舞楼老人苗庆、刘吉、秦灵""重修圣母之庙，创起舞楼，行廊共五十间""修舞楼维那一十五人"。由以上记载的时间推算，这座舞楼当建于公元1100年。

紧随其后的宋代舞楼，还有建于宋大观三年，即公元1109年的一座。此台位于长子县南鲍村汤王庙，有碑石记载："盖闻祠堂古建，舞楼新修。"

寥寥四座，不能说多，也不能说少。从分布看，南面万荣县有，北面平顺县有，等于说在晋南这个范围内宋代都分布着戏台。或因风雨侵蚀毁坏，或因兵匪战乱毁坏，再难存留世间。所幸，几块碑石证实了戏台在宋代曾经出现，这就为中国戏剧的成熟，做了最好的铺垫。

一块碑石的历史文化含量会给人意想不到的启示，往往一句话、一个词，就可以观赏一个时代的风貌。比如，万荣县桥上村后土庙那通碑，出现了"都维那头"的字样，今人看到难免不知所云，但那却是宋代的一个时尚称谓。"维那"本是佛教寺院管理僧众事物的执事，这里借用"都维那头"作为庙宇修建工程的负责人，或者总负责人。既然是佛教称谓，"维那"和"都维那头"或许都是外来语，用外来语充当时尚，要么是以猎奇为新鲜，要么就是缺乏文化自信，以食而不化为时尚。按说，宋代文化的发达程度，应该在世界为最。中国瓷器大量行销国外，欧洲贵族家庭若能摆放一件，那就非常荣耀了。因之，瓷器的英文发音"china"，便成为"中国"的名称。处在如此状况，还缺乏文化自信，还跟在他人后头亦步亦趋、鹦鹉学舌，那就可断定这个时代会出问题。宋代亡国也就是或迟或早的事情。

不必替古人担忧，这里的话题仅是戏剧。由碑文看出，宋代的神庙剧场已很不少，这为元代戏剧繁荣搭建了很好的桥梁。

隐藏在古墓里的秘密

普天下好净也应难躲。

偶翻元曲，忽得这句，恰对我的心思。普天下好净也应难躲，何况普天下从来难净，从来皆以"尘世"相称。好在古人有陪葬的习俗，到地下可算是黑乎乎一团真干净。可以躲避风雨，躲避狼烟，躲避一切人世都难躲避的灾难。

我这想法不是空穴来风，而是研读戏剧角色时突然将思绪发散到墓葬的，因为墓葬里居然潜藏着尘世难以捕捉到的秘密。起先我阅读过顾学颉先生的著作《元明杂剧》，内中有关于角色的专门论述。文中将角色写作"脚色"，其这么写道："元杂剧中演员的脚色，约可分为四大类别，即：末、旦、净（包括丑）、杂，而以末、旦二色为主。"可见，元杂剧的角色虽不及现今生、末、净、旦、丑如此完备，却也基本成熟。那么，这是在元代成熟的，还是先前就已成熟？带着这个问题我追索到周贻白先生的《中国戏剧史长编》，可是这书也无法消解我的谜团。周先生专节讲述《中国戏剧的形成》，可是着墨多在宋代的大曲与词、俳优与戏剧、傀儡与影戏、诸宫调与唱赚，而没有深入探究角色。再往后直接关注的是宋元南戏，金代被忽略了。

金代为什么被忽略？肯定是那时可以佐证戏剧的文物还沉睡在地下。随着金墓的发掘，一批珍贵戏剧文物进入人们的视线，活跃在金代的角色蓦然呈现在世人的面前。

这是稷山县马村段氏三号墓墓室砖雕，镶嵌在南壁门楼上，总共排列着五名俑人。自左至右，第一人戴幞头，穿长袍，扎束带，右手还提起长袍的前襟；以下人物，穿戴与前者大同小异，只是动作与道具不同。第二人双手执一短木棒，似是槌瓜，涂有三角胡须，应是副末；第三人双手交叉于胸前，右手执扇，应是引戏；第四人一手护胸，一手捧腹，应为副净；第五人双手秉笏于胸前，似为装孤。

这是稷山县马村段氏四号（M4）金墓砖雕，有关杂剧的内容也在南壁门楼上，人物比三号墓增多，分列于上下两个台阶。前排角色砖雕，上半身圆雕，下半身连于后壁砖墙上；后排全部为砖底起凸半圆雕。自左至右，除第一位女扮男装者无法确认角色外，其余三人基本角色分明。第二人似是副净，头戴平顶巾，着衽衫，扎腰带，胸腹袒露，合手作揖；第三人似是引戏色，头上软巾浑裹，身着圆领窄袖长袍，腰带打结于前，左手拿把扇子；第四人似是装孤色，衣着与第三位相近，双手合于胸前，为执笏情状。后排五人是伴奏乐队，有敲大鼓的，有击杖鼓的，有吹笛的，有打拍板的，还有吹筚篥的。

如此两座金墓砖雕都涉及戏剧，呈现的戏剧角色有副末、引戏、副净、装孤。还有吗？有。在稷山县马村段氏五号金墓中，出现了末泥和副末。末泥，头戴朝天交角幞头，身穿短袄长裤，系有腰带，右手将一支木杖举于胸前。副末，

图七十八　稷山县马村段氏Ｍ４金墓杂剧砖雕

182

软巾诨裹，脑后插花，左衽衫，前襟掖起，右手指伸置嘴中吹口哨。又增加了两名角色。还有吗？还有，在稷山县马村段氏八号金墓出现了装旦角色。头梳同心髻，左衽襦，穿长裙，一看就是装旦。

像这样能够将戏剧角色展示出来的古墓，还有稷山县化峪镇二号金墓、稷山苗圃一号金墓、垣曲县古城镇宋金墓，尤其是侯马市董明墓的北壁，砌有一座小戏台，台上活跃着生、末、净、旦、丑五个戏俑，生动活泼，惟妙惟肖。远去的世事虽然消失在岁月的风尘里，可暗无天日的墓葬却悄然无声地收藏了那些往事，迷离的戏剧在这里变得真切清晰。真感谢这些古墓，不，应该感谢的是中国人的思维方式。中国人历来认为天地有阴阳之分，生则为阳，死则为阴。阳界如何生活，阴界就如何过日子。缘此，入土为安，不是将人埋葬即为安，还要将在阴界过日子的东西置办齐全。普通人的日子，有柴米油盐即可。富贵人的日子，有这还不够，还要有琴棋书画，还要有歌舞饮宴，自然少不得活着最喜欢的戏剧。

无心插柳柳成荫，古墓竟然成为探究戏剧的黄金场，真有趣。

雕刻在砖木上的戏剧

笔头风月时时过，眼底儿曹渐渐多。有人问我事如何？人海阔，无日不风波。

这是元曲吟唱的尘世，无日不风波，人生如何过？

古代戏剧往往会指点迷津。可这指点迷津的戏剧聚时热热闹闹，散时沉沉寂寂，又有几人能记起，岂不辜负了伶人艺伎的一番卖力。似乎如此，可是也有例外，众生可以用多种手段凝固戏剧活力。砖雕是一种，木雕也是一种，山西范围内的木雕众多，无处不呈现着戏剧的魅力。

木雕可以去襄汾县丁村看看，这里有一座建于乾隆五十四年，即公元1789年的院落，正屋前檐的木板上，雕刻着四幅戏剧故事：《宁武关》《岳母刺字》《双官诰》《忠义侠》，其排列顺序体现的是"忠、孝、节、义"的传统思想。《宁武关》情节是，明末，李自成率农民军北进，山西总兵周遇吉失守太原后，退守宁武关，血战至死，全家殉难，可谓忠矣。《岳母刺字》的情节大家都熟悉，岳飞谨遵母命，精忠报国，可谓孝矣。《双官诰》的情节是薛子岳离家经商行医，奸人谎称其客死他乡，企图吞掉其家产。薛妻和两个妾闻知改嫁而走，唯有三妾王春娥不仅未嫁，还含辛茹苦抚养改嫁之妾所生的儿子乙哥长大。乙哥皇榜高中状元，家人团圆，王春娥被封为双重诰命夫人，可谓节矣。《忠义侠》的情节是，明代严嵩当权，害死朝臣杜宪，并追捕其子杜文学。紧急时刻，杜文学将妻子托付义弟周仁照顾。严府总管严年垂涎杜妻貌美，威逼周仁交出杜妻。周仁妻子挺身而出，怀刃上轿，谋刺严年，刺杀未遂，自刺而死，可谓义矣。如此展现"忠孝节义"，可见古人的精神追求。其实，这么诠释明显有些牵强，四出戏剧的内容皆不单一，"忠孝节义"往往融合在一起，无法剥离。

戏剧砖雕可以去看看壶关县树掌镇紫团村白云寺，角殿、配殿、过厅和戏楼上无处不有。这些砖雕刻于清嘉庆六年至八年，即公元1801至1803年间，内容丰富多彩，有《蒋干盗书》，有《太君挂帅》，有《长坂坡》，还有《朱买臣休妻》，等等。这些戏剧砖雕体现出两点，一是上党地区戏剧多样，有皮黄《大报仇》，有上党梆子连台本戏《青峰山》，还有昆曲《朱买臣休妻》。二是戏剧雕塑都有明确的教化作用，《蒋干盗书》《太君挂帅》《长坂坡》，无一不闪射着道德和智慧的光芒。

最有意思的是《朱买臣休妻》，剧中书生朱买臣的妻子崔氏忍受不住贫寒，逼迫丈夫写下休书，改嫁给张木匠。嫁给张木匠是要过衣来伸手饭来张口的好日子，岂料张木匠不仅贫穷，而且性情暴躁，经常打骂她。无奈她离家出走，寄宿于寡妇王妈妈家。后得知朱买臣科举高中，荣任会稽太守。悔青了肠子的崔氏忽见朱买臣差人送来凤冠霞帔，与她破镜重圆，蓦然笑醒，原来是一个美梦，夜阑人静，身边只有"破壁、残灯、零碎月"。崔氏不甘认命，在官道上拦住朱买臣恳求收留。朱买臣命人泼水于马前，要崔氏收起。覆水焉能收回，崔氏羞愧不已，投水自尽。

不过，历史事实和戏剧故事差距可就大多了。从《战国策》到《史记》再到《汉书》，朱买臣的故事越来越丰满、越来越好看。但有一点基本事实，崔氏离开朱买臣不是嫌弃他贫穷，也不是嫌弃他读书，而是嫌弃他贫酸。具体细节是，朱买臣靠打柴、卖柴度日，崔氏紧随相帮。朱买臣担着柴捆，喜欢边走边高声诵唱诗文，引来路人嘲笑。崔氏劝他不要担着柴高声诵唱，招惹难堪，朱买臣执意不听，终至离异。后来朱买臣皇榜高中，崔氏再婚生活仍然贫穷，朱买臣还将她夫妇安顿到府院生活。由此可以看出事实和戏剧有两点不同，首先离异的原因不同，崔氏不是嫌贫爱富，更不是看不起读书人；其次朱买臣对崔氏并不厌恨，否则不会收留她夫妇。戏剧之所以这么修改，目的很明确，就是要教育世人莫要嫌贫爱富，更不要嫌弃读书人。这岂不是在强化万般皆下品，唯有读书高吗？尊重知识，尊重人才，是

185

那个时代的主导声音，因此社会风气再坏也不至于公开打、砸、抢。我们之所以一度公开打、砸、抢，是之前已经做好了充分的思想文化准备，比如红极一时的电影《刘三姐》，以对歌的方式褒扬柴郎，贬损秀才，等于复活了元代对文士的轻贱。元代荒谬的等级排序是：一官、二吏、三僧、四道、五工、六农、七医、八娼、九儒、十丐。你看，曾经"万般皆下品，唯有读书高"的儒家，竟沦为比娼妓还要矮一头的地步，真真让满腹经纶的文人蒙羞受辱啊！在社会荒唐的时候，不荒唐就是荒唐，因此打、砸、抢就会公然行世。可见，戏剧演什么、唱什么，说起来是个娱乐的小事，其实关乎社会是否安定、民众是否乐业。

　　戏剧，乃上层建筑，乃意识形态，乃精神品格，乃社会风貌也！

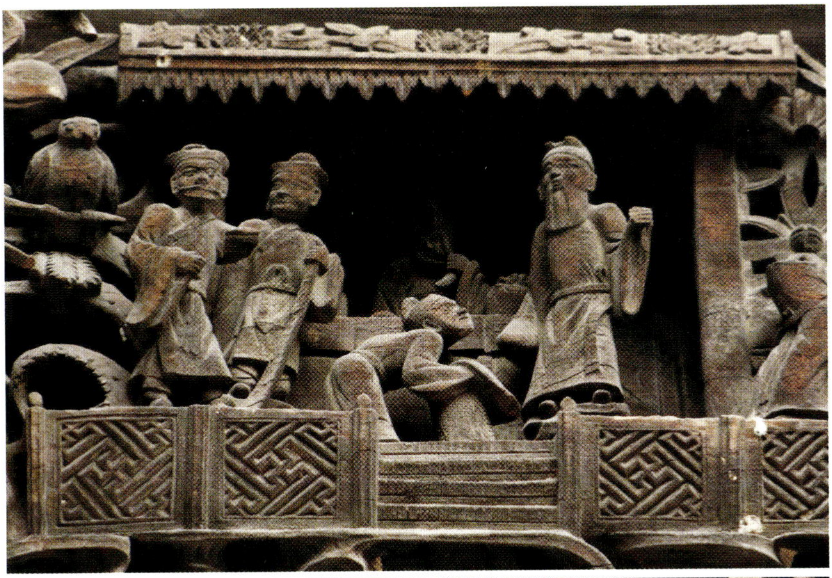

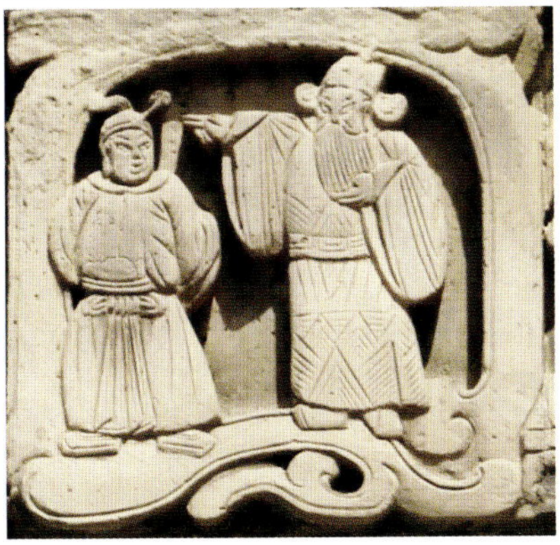

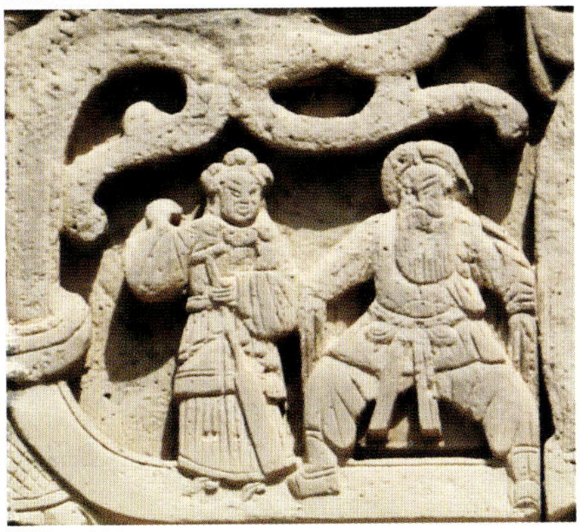

■ 图七十九　襄汾县丁村民居清代戏曲木雕《双官诰》

■ 图八十　河曲县弥佛洞寺砖雕《打金枝》之《绑子》

■ 图八十一　河曲县弥佛洞寺砖雕《床顶珠》之《杀江》

戏台题记看剧本

闲将得失思量，往事水流东去。

古老的戏台依旧在，可是谁又知道那上面曾经演过什么戏？这还真是个难以回答的问题。也有些戏台留下了演出的痕迹，那要在墙壁上才能找见。说来有趣，这得益于一个不好的习惯，有些人只怕留不下雪泥鸿爪，凡到一地喜欢写：到此一游。戏班去一个地方演出，有好事者总要来个类似"到此一游"的题记。雪白的墙壁上，留下歪歪扭扭的黑字，怎么也不能说是好事。然而，时过境迁，歪打正着，那黑字竟然能打开一段随水流逝的往事。戏剧专家给那些黑字起了个不错的名字：题记。看过题记，不只明白了何时何地哪个戏班演出，甚至还能看到演出的是哪一出戏。

翼城县隆化镇北张村关帝庙戏台后壁留有：乾隆五十三年（即公元1788年）八月十八日，演戏三台：《斩子》《盘龙山》《日月图》。

洪洞县上张村舞台留有：道光二十五年（即公元1845年）三月二十八日，演出的本戏：《三凤图》《天仙配》《渔家乐》……

蒲县城关镇河西村戏台留有：大清同治六年（即公元1867年）四月，东府全盛班到此演出：《三皮（劈）关》《洪石关》《女忠节》……

这么东一处，西一村，有点散乱，干脆锁定蒲县东岳庙戏台查看：

戏台隔断北面题有：1. 嘉庆五年（即公元1800年）三月二十五日，杜盛班到此一乐。演出五天，本戏：《雷峰塔》《千里驹》《九莲灯》《富贵图》《碧游宫》《獏兽兆》《四英盒》《如是观》。2. 大清嘉庆二十五年（即公元1820年）三月二十六日，《宋张节》《打秋全》《神州会》《戏凤》《清风镇》《破洪州》《破桃山》《混元盒》……

戏台西耳房东墙题有：咸丰三年（即公元1853年）三月二十八日，庆余班。《三烈配》《富贵图》《蝴蝶杯》《平苗蛮》《美圆圆》《平西汉》《五福荣（上下）》《三劈关》《临潼关》《三闹堂》……

不必再抄录了，我已经眼花缭乱，迷醉在梨园的芬芳中了。

众多戏名有点天花乱坠，只怨我孤陋寡闻，很多剧名闻所未闻。赶紧补课，仅蒲剧就看得我目不暇接。有战争戏：《金沙滩》《会孟津》等；有斗智戏：《黄鹤楼》《空城计》等；有宫廷戏：《美人图》《炮烙柱》等；有爱情戏：《白蛇传》《西厢记》……洋洋洒洒近千个剧目。有人为蒲剧的南路派编过个顺口溜，是说二十四部主要剧目，共分上、中、下三本：

上八本：《盘陀山》上《红梅阁》，阁内放的《麟骨床》，床上撑着《瑞罗帐》，帐内挂的《意中缘》，帐外挂着《乾坤啸》，床上放着《十五贯》，床下藏着《火攻计》。

中八本：进得《梵王宫》，看见《摘星楼》，楼前一个《槐荫树》，楼后一尊《炮烙柱》，楼上塑着《春秋配》，头上戴着《无影簪》，身上穿着《梅绛袄》，手里拿着《和氏璧》。

下八本：男女均称《忠义侠》，择日举办《龙凤配》，男赠女一幅《日月图》，女送男一轴《富贵图》，二人绝非《狐狸缘》，同跨一匹《火焰驹》，出了《宁武关》，奔向《黄鹤楼》。

这么多的剧本哪里来？民间又有如下说词：

对门三阁老，

一巷九尚书，

把住鼓楼往南看，

二十四家翰林院。

这么多官宦人家，这么多文墨骚人，随兴走笔都是戏文啊！据说，二十四本戏出自二十四家翰林院。是耶，非耶，世事远去无法分辨，但自古晋南多才俊却是不假，这里至今古戏台林立也不假。这便可以得知，这块土地是戏剧的摇篮，戏台则是戏剧生长的温床。

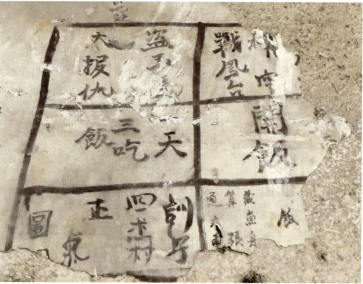

图八十二（一）　蒲县东岳庙戏台光绪年题记

图八十二（二）　蒲县东岳庙戏台光绪年题记

图八十三　襄城县樊店村戏台题记

图八十四（一）　《龙凤针》剧本册页

图八十四（二）　《龙凤针》剧本册页

图八十二（一）

图八十二（二）

图八十三

图八十四（一）

图八十四（二）

戏剧是丰厚文化积淀的果实。

戏剧是丰富人文资源的果实。

本来得出这样的结论这一节就算是完成了，可就在搁笔之际见到了老同事李百玉先生。他曾任临汾市地方志办公室主任，改革开放后全国的修志工作，是缘于他上书时任中宣部部长胡耀邦才正式启动的。现在他虽已退休，但是笔耕不辍。问及他最近在忙什么，回答是点校古代剧本。这令我眼睛一亮，细细了解，原来他搜集到了六种剧本，即清道光年间的《惠风扇》，光绪末年的《玉龙佩》，民国初年的《兰栋梦》《桃花宫》《龙凤针》《青楼记》。其中《玉龙佩》的剧名还是第一次听说，剧本为麻纸双折页，蓝线订集，共有三十八页，面貌完好。剧情属于婚姻恋情，不算稀有，但故事是由奸相杨国忠贪色而引发的，情节曲折，引人入胜。最后有情人终成眷属，奸相得到恶报，主旨也在惩恶扬善。《龙凤针》剧情取自唐中宗李显年间的一场宫廷斗争，宠妃孙贵英乱朝，其兄孙仁却反其道而行之，大义灭亲，匡扶社稷。几经周折，挫败孙贵英阴谋，终于安定朝堂。无外也在奉劝世人，行善必昌，作恶必亡。

戏剧无处不在大化道德、高颂正义。像这样的古代剧本肯定民间还有人收藏，那可是无价之宝啊！

看楼是维权的硕果

看楼，是戏台滋生的风景。

玩味古代戏台，会发现凡出现的东西都很实用。比如隔断，早先的戏台没有，没有隔断就没有前台、后台之分。那时的戏还是以表演杂耍为主，以歌唱念白为辅，也就没必要在后台有过多的准备。需要分前台、后台，那是戏剧花蕾鼓圆，又爆开新的花朵，又迈上新的台阶。再比如，明代以后戏台增加了音壁，音壁是台口两侧的八字墙，八字墙把戏台上的声音收拢在一块，不让它随意消散。声音受阻依壁流动，便流动到戏场中去了。让分散变集中，让微弱变宏大，这真是科学用音的典范了。

那么，看楼是何作用？

现代些说，看楼是保护妇女儿童权益的产物。所以这么说，是因为看楼是专门给妇女儿童设置的。

设置看楼，是明代以后的事了，但此举却经过了很长时间的孕育。

自从神庙有了演出，看戏的少不了妇女。而从宋代以后，中国的性禁忌日益严重，男女间的设防成了封建统治者眼里一件关乎道德存亡的大事。所以，不少地方禁止妇女看戏。《清穆宗实录》卷二七一记载：

同治八年己巳十一月甲申，上谕内阁，御史锡光奏请严禁五城等寺院演剧招摇妇女入庙，以端风化一折。寺院庵观，不准妇女进内烧香，例禁綦严，近来奉行不力……

从"奉行不力"可以看出，禁止妇女入庙看戏已不是一天两天的事了，可是屡禁难止。所以屡禁难止，是因为此禁有违人伦常情，妇女也有七情六欲，为何不准她们娱乐赏戏？因而，禁令归禁令，妇女照看不误，这可难坏了地方官员。有位地方官执法颇严，决心要根治妇女看戏。但是，告示广贴，办法频出，无济于事。无奈之时，急生一计：一日戏散了，此官坐在庙门前不准女人出来。

还公然说："汝辈来此，定是喜僧人耳。"然后，命僧人将女人一个个抱出寺门。

顿时，这成为远近闻名的公愤，此官也在人们的痛骂中而被革职。

野火烧不尽，春风吹又生。妇女看戏的愿望如同原上草，生机勃发，难以遏制。既然不能遏止，就应有合理的考虑和设置。看楼就这么应运而生了。

当然，看楼的诞生不会这样轻而易举，也是个煞费苦心的事情。妇女入寺庙看戏，不能男女混杂，僧俗不分，总得有个妥善的安置。戏台正对的妥善位置，或献殿，或看亭，那是官员富绅的专用席位，平民是无法享受此等礼遇的，妇女更不行了。这种隔离使众人与官绅产生了对立情绪。以前，我曾听说过这么一个故事。

图八十五　尧陵看楼

图八十六　　冀城县曹公村四圣宫戏台看楼

图八十七（一）　蒲县东岳庙南侧戏台看楼

图八十七（二）　蒲县东岳庙北侧戏台看楼

图八十六

图八十七（二）

图八十七（一）

一次太平县唱大戏，县太爷落座刚稳，正待幕启开戏，就听有人喊："太平县官不是人！"

县太爷一听腾然而起，怒目寻视，何崽这等无理？正恼火，又听见："他是天上的一位神！"

一笑，落座。却又听喊："县长兄弟全是贼！"

县太爷又怒，又起立，复又落座，因为又有了下句："偷来仙桃敬母亲！"

这个玩笑开得过火，却表现了平民和官绅的严重对立。本来早该取消这样的特权专利，可惜官绅却依然陶醉其间，感觉良好。这样的位置，当然无法易位给妇女儿童。

总算有了合适的位置，这便是将戏台前两侧廊房增高二层，挑出廊厦，供妇女儿童观赏。如此，妇女既可入寺庙看戏，又避免了男女混杂，有伤风化，实为两全其美的事体。

走进高平市王何村五龙庙，走进沁水县南阳村玉皇庙，走进壶关县真泽宫，走进翼城县曹公村四圣宫，走进蒲县东岳庙，走进尧都区尧陵，戏台前两侧都有看楼，虽然有的已经残破，但仍然写照着一段历史风情。

奇特莫过咽喉祠

问江云何处飞来，全不似寻常，舞榭歌台。

借用此话喻指泽州县金村镇府城村的咽喉祠，再恰当不过了。府城村是个平常的村落，却是个不能不去的地方。村里有一座玉皇庙，三进院落，规模不小，但这也很难让人动心。原因在于玉皇庙遍地皆有，没啥新奇之处，倒是玉皇庙的侧院有个不大的祠堂引人关注。这个祠堂不是百家姓里的任何一家，而是咽喉祠。

咽喉祠实属罕见。咽喉祠内供奉三尊神像，中间是咽喉神，左边是玄坛神，右边是大王神，这更是罕见。我们国家是一个泛神国家，各种庙宇遍布全国。除了儒道释三教外，还有众多的行业神。行业有多少？古人云：三百六十行。几乎每一个行业都有一个神，连妓女也有神灵管仲。有神就有庙，这不稀奇。古时候治病很难，医术不高，缺医少药，遇有疾患，一半在治，一半在天。在天就要求天保佑，人们就把古时医术高明的华佗看成了自己的天神，所以华佗庙处处可见；有好医生还要有好药，又供奉了药王孙思邈；人有了健康的身体，就要过好的光景；在农耕时代，要过好光景就要有好牲口，于是走遍全国，牛王庙不少，还有马王庙。唯独这个咽喉祠倒是少见。咽喉不过身体的一个器官，为何看得这么重要？庙里有一块碑石，上有浙江清吏司郎中阳城人卫立鼎撰写的碑文，清楚回答了这个问题：

台之西增建咽喉祠三楹，盖为贫富贵贱孰无咽喉所关，而可不为祠以祀之乎？然庙中凡遇享献，乐工即□于事……科头郭万枝爱不惮劳瘁，劝募四十五金，助阙费焉。请绘士塑像等项，又输拾金有奇。

原来这个咽喉祠是由一个戏班的班主募捐资金所建。咽喉对人人都很重要，对唱戏的人来说尤为重要。唱戏要会表演，各种做功都要精通，但是，唱腔总是第一位的。一个戏子若是嗓音不好，就失去了唱戏的先决条件。喉咙有多

图八十八（一）
泽州县碗城村玉皇庙咽喉祠

图八十八（二）
泽州县碗城村玉皇庙咽喉祠碑

么重要可想而知，所以班主郭万枝才千方百计募捐资金修建了个咽喉祠。

　　往下读，卫立鼎的碑文不仅回答了为什么建造咽喉祠的问题，还见证了其时的社会状况。至少我们可以看到康熙年间戏人优伶的社会地位还很低，低到何种地步？他写道：念弱门莫若于伊辈，而伊辈亦知如此趋善，志实诚矣，力实勉矣，功德实非浅鲜。卫立鼎是在赞颂慷慨义捐的戏人，却用了"念弱门莫若于伊辈"，可见，他们的地位低得不能再低了。即使清明节上坟祭祖，过去的戏人也不能和平民在同一天，清明节前有一天叫"歇节"，就是供他们祭祖的。这种歧视很让人愤愤不平。不过，他们的先祖若是九泉有知，肯定会受宠若惊。任谁也想不到，他们的后人在当下会红得发紫，成为众生尊捧的歌星、影星。

过去被人歧视不正常，现在红极一时就正常吗？我看未必。一个社会不该歧视的歧视，不该走红的走红，都说明社会风气有待匡正。咽喉祠是往日社会的见证，是往日梨园的见证。

刻在碑石上的罚戏禁赌

叹古今荣辱，看兴亡成败，一个"赌"字嵌在其中。

赌，乃是人欲最集中的表现。有人赌时光，有人赌金钱，有人赌性命，至于一将功成万骨枯，则是赌别人的性命。当然，能达到赌别人性命这一层次的人很少，但是，达不到那样的高度，也不等于没有出人头地的欲望。这欲望的低级体现就是赌博，在最短的时间内把别人的钱装在自己口袋里。因而，赌博成为自古以来屡禁难绝的民间风习。屡禁难绝也要禁，于是便派生出一种违规罚戏的有趣规矩。

此规矩何处可见？时过境迁，物是人非，只有去碑石上辨识了。现存最早的禁赌罚戏碑在灵石县马家沟村旧庙，时间为清乾隆三十年，即公元1765年，碑文明确刻写："凡有捉获者，除稟纠之外，献戏三朝。"

可以看见的最晚一块碑的时间是清同治九年，即公元1870年，现存长子县色头村炎帝庙。这通碑主题即为"村保维社首公议禁赌桑羊等碑记"，如查获赌博者，"遂于村中捐赏，演戏三朝，恍如三令，献优五本，俨若五申"。

两通碑时间相距一百年，可见以罚戏禁赌实在是一种妙不可言的好办法，很快就流行开来，而且长盛不衰。

百年间有多少村落沿用这种手段，很难搞清，能够得知的是：

蒲县克城镇下柏村三官庙有罚戏禁赌碑，上刻："容留匪棍□及男女混杂弄赌者，罚猪一口、大戏三天、面一百斤、酒十个。"时在清乾隆四十六年，即公元1781年。

屯留县石室村玉皇庙有罚戏禁赌碑，上刻："敢藐视法纪、横行强赌，一被人知，罚戏三朝。"时在清乾隆五十五年，即公元1790年。

平顺县西青北村禹王庙有罚戏禁赌碑，上刻："窝赌博者与犯赌之人，罚戏三天，许值年维首人写戏，系窝赌人与犯赌人出钱，窝赌与维首犯之，加倍罚戏。"时在清嘉庆八年，即公元1803年。

洪洞县圣王村圣王庙有罚戏禁赌碑，上刻："合村勿论大小人等，倘敢□违犯禁，罚戏三天，大猪一头，遍请合村。□有不遵规者，合□公其禀官，决不宽恕。"时在清嘉庆二十一年，即公元1816年。

潞城区侯家庄村三嵕庙有罚戏禁赌碑，而且规定更为详细："开设赌局及在家窝赌者，罚神前献戏三日。""随场压宝掷骰斗牌者，罚神前献戏二日。"时在清嘉庆二十四年，即公元1819年。

长子县西小河村唐太宗庙有罚戏禁赌碑，上刻："自今以后，倘蹈故辙，敬神献戏，罚砖修庙。不遵村规，禀官纠治。"时在清道光二十八年，即公元1848年。

隰县谙正村玄都观有罚戏禁赌碑，上面的刻文也很详细："远则山渠煤窑，近则古庙神亭，凡属村中境界，一概并行严禁。或有外来棍徒，本村游手居民，恃强私开赌博捉犯，定罚不容，依规罚戏三天。"时在清同治元年，即公元1862年。

······

如此看来，罚戏禁赌很为流行。为何流行？细细思忖法律对社会的约束和管制，总难无处不至，而且范围有限，大量的空间是缺失的。缺失的领域只能由道德管控。道德管控其实是个人自律，倘要是一个人道德低下，既不犯罪，又不为善，法律实在奈何不得。法律不能惩治，道德难以约束，那就只有靠乡规民约来制衡。罚戏禁赌，就属于乡规民约制衡之列。而且，看似乡规民约，实是借助神灵。人间管不了的事谁来管？无所不在的神灵管。旧时神灵深入人心，没人不敬畏神灵，要是贸然得罪，说不定会遭受"槽头死骡子，天火烧房子"的横祸。那可是家破人亡的大灾难啊！如此，举头三尺有神明，谁也害怕看不见的因果报应，只能堂堂正正做人、谨谨慎慎做事。因此，赌博罚戏就是让违规之人向神灵谢罪，表示改过自新，以求饶恕，消灾免难。这样，罚戏禁赌便流行开来，成为一时风习。

这就拓展了神庙剧场的功能，不仅敬神娱人、敬神育人，还借助神灵惩戒人。

古今多少事，多在向善中，罚戏禁赌亦然。

入相：回眸未笑百媚生

回眸一笑百媚生，这是白居易笔下的名句。

回眸未笑百媚生，这是我对戏剧文物的评价。

戏剧文物，没有嬉笑怒骂，可处处件件都能感到嬉笑怒骂；戏剧文物，没有悲欢离合，可处处件件都能感受到悲欢离合。一个从戏剧时代走过来的人，走进网络时代，走进微信时代，依然能感受到当年戏剧的红盛，戏剧的魅力不会消失，永远潜在于神魂里面。

然而，戏剧却在衰微、衰败。对着戏剧的晚景，我一次次感受到李煜那刻骨铭心的悲凉，问君能有几多愁，恰似一江春水向东流。向东流，戏剧的盛世不再、风光不再，在影视网络占据统治地位的年代，戏剧只能无奈地边缘化。

世上有无数种衰败，每一种都是内在因素使然。唯有戏剧的衰败和戏剧自身似乎没有多大关联。戏剧的衰败，是时代外因所决定的，是内在因素无法改变、无法决定的。倘要追溯，那可就早了，早到了电的发明，早到1879年爱迪生燃亮世界上第一盏电灯。电灯的出现，将戏剧逐日推向峰巅，麦克风、扩音器、灯光布景，使戏剧在20世纪80年代达到了一个制高点。无限风光在险峰，险峰前面是绝境。或许就在戏剧趾高气扬时，电视已悄悄兴起，迅速占领了各家各户。足不出户就能享受比戏剧要真实无比的情感故事，剧场岂有不被冷落的？被冷落的何止是戏剧，曾几何时一度春风得意的影院也门可罗雀。即使今日，影院也没有复苏到原先的层次。影院还能回暖，是此一时，彼一时，热衷情感交流的青年要去影院追逐热血的沸点。剧院也是容纳广众的场所，为何风韵不再，是因为在人们疏离戏剧的十数年里，又一代人成长起来。他们的童年、青年时期已没有戏剧文化的感染和积淀，只能欣赏紧随时代节律的影视，而对于里里外外古风古韵的戏剧却已陌生得水土不服了。

时代疏离了戏剧。

时代造就的人也疏离了戏剧。

戏剧似乎应该悲哀，其实不是戏剧悲哀，而是时代的悲哀。悲哀在于我们失去的不只是戏剧，而是古典，而是传统，而是我们民族独有的古典传统风采。

　　我所以在本节的开头要用回眸未笑百媚生，就在于戏剧的风采是不朽的，戏剧的风姿是永恒的。评价中国文学，人们喜欢历数过往的亮点：汉赋、唐诗、宋词、元曲。元曲，不只是单篇的作品，大量的都跻身于戏剧里面。元曲之后，为何再无醒目亮点？是因为几百年间戏剧都充斥在国人的精神世界。人云，月无十日圆，花无百日红，戏剧已红火了上百年，数百年，够迷人够亮眼了吧！

　　何况，戏剧在建构国人的历史视野、道德伦理和文化传统上，发挥了任何艺术形式也无可比拟的主体作用。众所周知，戏台上的历史剧很多，戏剧历史不能等同于真实历史，但是，别说更远，民国时期多数国人的历史知识都来自戏剧，甚至他们以为戏剧历史就是活生生的历史。不少人认为《骂殿》就是真实的宋太祖和宋太宗兄弟的皇权交替；杨家戏里杨继业和潘仁美两位人物就分别是真实的忠和奸的代表，《汾河湾》射死儿子的薛仁贵也是历史事实……尽管这些经过艺术渲染的历史剧本与历史面貌差异很大，但是，由于其普及范围极广，而接受者都缺少应有的文化准备，所以将之混淆一起，不知不觉构建起自己的历史视窗。

　　戏剧承担的另一个功能就是传播道德伦理，几乎每一出戏，每一个戏剧故事，都在起着教化作用。戏剧故事里渗透着爱国，渗透着孝道，渗透着勤俭，渗透着忠诚，渗透着侠义，渗透着因果报应，以至于结局几乎无一例外地要对丑恶进行正义审判，使之沦为阶下囚、无常鬼。不仅是故事情节，唱词对白也会将道德内容直接讲述出来。"正人伦，传道统，有尧之君大哉；理纲常，训典谟，是孔之贤圣哉；邦反坫，树塞门，敢管之器小哉。整风俗，遗后人，立洪范，承先代，养情性，抱德怀才。"这是《山神庙裴度还带》里裴度的唱词，分明是我国数千年封建社会的核心价值观。戏剧如春风化雨，点点滴滴，飘飘洒洒，化育了一代一代尧舜传人。

至于戏剧对中国文化传统的建树，那真堪称功勋卓著。西方人重物质，中国人重精神；西方人重写实，中国人重写意。中国人的精神情结和艺术观念，在戏剧里展现得淋漓尽致，展现得形象感人。而且艺术手法以虚写实、以少代多、以慢喻快，最典型的代表是骑马行军。手里的马鞭，既是骏马，又是长鞭。一会儿置鞭于胯下，就是上马；一会儿挥动于手中，就是策马。赫赫战将身边只有四个兵卒，却喻示着百万雄兵。将军扬鞭策马，率领兵卒四人在戏台上来回转了几个圈，则表示千军万马走完了万里征程。这奇妙的艺术手法，在中外艺术史上无可非议地占据一绝的席位。

　　还必须单独提及的是戏剧脸谱，那可是戏剧绝无仅有的艺术手法。有歌唱道："红白黄绿蓝咧嘴又瞪眼，一边唱一边喊……蓝脸的窦尔敦盗御马，红脸的关公战长沙。黄脸的典韦，白脸的曹操，黑脸的张飞叫喳喳"；"紫色的天王托宝塔，绿色的魔鬼斗夜叉，金色的猴王，银色的妖怪，灰色的精灵笑哈哈"……戏剧人物脸色不同，类别各异，形成了"寓褒贬，别善恶，分正丑"的功能，因称脸谱。脸谱逐渐形成范式，看颜色就知道人物品行：

　　红为忠勇白为奸，

　　黑为刚直灰勇敢。

　　黄为猛烈草莽绿，

　　蓝为侠野粉老年。

　　金银二色色泽亮，

　　专画妖魔鬼神判。

　　脸谱的出现是由于早先没有扩音器，唱白全靠演员的嗓门，即使嗓门再高，后面的也难免听不见、听不清。于是，就由眼睛代替耳朵，看演员脸谱而知忠奸善恶，看演员动作而知情节。脸谱凝聚着古人的聪明才智和艺术灵韵啊！

　　沉醉在山西戏剧文物的天地里，如饮陈酿老酒，杯杯可口，杯杯可心，不知不觉间醉得难以自拔。不能说是沉醉于戏剧天地，实际是只能领略一隅，仅此一隅，也醉得我飘飘欲仙。文章已经到了入相的尾声，本该来个利落的收场，偏偏醉得欲罢不能。我深觉遗憾，遗憾没能将戏剧文物的全貌活画出来，未能将内在的风骨摹写出来。比如，几个产生戏剧故事的实景文物，普救寺、苏三监狱、杨忠武祠等等。这里提到的几处实景文物，可能杨忠武祠与事实面貌较远。前面说过，杨忠武祠在代县鹿蹄涧村，这儿不是杨业的故乡，是其十三世孙杨友率军在附近屯垦。一次在涧河滩打猎，偶然遇见一只肥大的梅花鹿。他张弓搭箭射去，梅花鹿却不见了。梅花鹿哪里去了？他命令亲兵就地深挖，没有挖出梅花鹿，却挖出一块极像梅花鹿的石头。杨友认为"鹿"与"禄"同音，此处乃祥瑞之地，因而迁居此地，遂名"鹿蹄涧村"。所以，此地不是杨家的祖脉故里，杨忠武祠只是因其后人居住而兴建祭祀的祖祠。

相比之下，普救寺则是《西厢记》的故事发源地。现今走进这座古老的寺庙，仍然可以看到张生借宿的"西轩"和他月下听琴的地方，还有幽会崔莺莺时张生的越墙处。当然，也有崔莺莺一家寄居的"梨花深院"，《西厢记》中请宴、赖婚、逾垣、拷红等戏，皆发生于这里，称之戏剧实景文物名副其实。与之匹配的还有洪洞县的苏三监狱。苏三监狱是座明代监狱，因为关押过苏三而得名。苏三被判处死刑，关押的牢房现在保存完好。苏三押解太原会审，就是从此监狱出发，那一句"苏三离了洪洞县，将身来在大街前。未曾开言我心内惨，过往的君子听我言"就由此而唱响。古今多少冤情和平冤的事件，发生就发生了，过去就过去了，世上有几人能知道？唯有苏三的故事人们记得并传扬着，全因戏剧为之插上了不胫而走的翅膀。

山西的戏剧文物实在是太富有、太丰饶了，不能再写了，再写一部书也只能是触及一鳞半爪。说是不写了，可止不住又要往下敲击。上午刚刚从阳泉市回来，去给当地作者讲散文课，间隙，好客的东道主陪我看了几处古迹。先看马王庙，庙前有座戏台，再看新泉观，同样庙前有座戏台。最吸引人的是大阳泉村，村子不算很大，如今已经成为城中村。好在现代城市没有吞没古代村貌，古旧的村巷、古老的旧屋，崛然遗存。村子里原先竟有九座庙，现在还能看见两座，一座是广育祠，一座是龙王庙。当然，我不会为庙宇而陶醉，令我陶醉的是两座庙前巍然落卧着两座戏台。看形制，应该是明末清初的建筑，所幸保存完好，古风犹存。眼见日影偏西，饭时已过，我仍然不想离去。犹如此刻，说是不再写了，禁不住又敲下这些文字。

这一回，我是真要打住了。打住不再复现文物，却打不住对文物的那份深情。在我心里文物即使回眸不笑也依然还在百媚生、千媚生、万媚生。

放下戏剧文物，我要写几句谢辞，感谢三晋出版社张继红社长抬爱，推荐我写作此书；感谢省文物局赵曙光处长对我的信任，确定由我来写；感谢李康先生联络指导，为写作铺平道路；感谢王小威夫妇同我一起考察，穿山越岭，涉水过沟，顶烈日，平风雨，不辞辛劳，拍下了古代戏台的倩影。一部好书的成形，绝不是一个人所能，还有编辑辛勤劳作，在此我一并致谢！

此刻夜阑人静，我难掩完稿的兴奋。甚觉这部书的写作，完全是因果所致。自从写过《豪华落尽见真淳——山西古戏台》一书，我就和戏剧结下了难解之缘。之所以难以解开与戏剧的情缘，是不少人由此误以为我是戏剧的内行，便将和戏剧相关的写作屡接与我，《感天动地——关汉卿传》的写作，就是这样接手的。这是中国作家协会启动的历史文化名人传记丛书工程，我是要跻身其中，不过绝不是冲关汉卿去的，我眼热的传主是柳宗元，仅凭他那句"独钓寒江雪"，就有无限风情待细说。可是，我没有如愿，而是被捆绑在关汉卿的"战车"上了，自然是因《山西古戏台》一书所致。岂知，我这戏剧的门外汉，凭借喜欢戏剧而斗胆涉足其中，真正是无知者无畏的典型。这一次我又被拎在山西戏剧文物的书写上，仍是先前逻辑的延伸。所幸，有了前两次履冰涉险的经历，我不再匆忙，只要俯首拜阅，只要奔波观瞻，典籍和大地到处是赏鉴的好剧场。丰饶的籽实，每日每时会充实自个空瘪的腹囊。秋日来临了，农人收获籽实，我在收获书稿。我的书稿初成了，也享受着农人一样的喜悦。

在这个秋日里，戏台不笑我在笑，戏剧不笑我在笑。我为自己的收获而高兴，也为国家出台了关于支持戏剧传承发展的若干政策而高兴，唯愿戏剧能够走出困境，走向枯木逢春的新时代。

2015年9月12日一稿于尘泥村

2022年10月8日寒露时节定稿

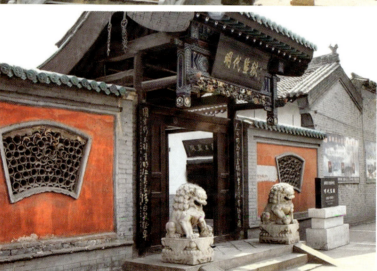

210

参考文献

[1] 孟元老.东京梦华录.郑州：中州古籍出版社，2010.

[2] 袁愈荌译诗，唐莫尧译注.诗经全译.贵阳：贵州人民出版社，1993.

[3] 班固.汉书.长沙：岳麓书社，1993.

[4] 李昉等.太平御览.北京：中华书局，1960.

[5] 车文明.20世纪戏曲文物的发现与曲学研究.北京：文化艺术出版社，2001.

[6] 司马迁.史记.长沙：岳麓书社，1988.

[7] 江灏、钱宗武译注.今古文尚书全译.贵阳：贵州人民出版社，1993.

[8] 黄寿祺、梅桐生译注.楚辞全译.贵阳：贵州人民出版社，1993.

[9] 冯俊杰.山西神庙剧场考.北京：中华书局，2006.

[10] 蒲州梆子志编纂委员会.蒲州梆子志.太原：山西教育出版社，2007.

[11] 刘俊田等译注.四书全译.贵阳：贵州人民出版社，1993.

[12] 黄寿祺、梅桐生译注.楚辞全译.贵阳：贵州人民出版社，1993.

[13] 周贻白.中国戏剧史长编.上海：上海世纪出版集团，2007.

[14] 翁敏华.中国戏曲.上海：上海古籍出版社，1996.

[15] 陶宗仪.南村辍耕录.上海：上海古籍出版社，2012.

[16] 李修生.元杂剧史.南京：江苏古籍出版社，1996.

[17] 张林雨.山西戏剧图史.太原：山西人民出版社，2002.

[18] 李慧玲、吕友仁译注.礼记.郑州：中州古籍出版社，2010.

[19] 乐史.太平寰宇记.北京：中华书局，2000.

[20] 刘安.淮南子.桂林：广西师范大学出版社，2010.

[21] 宋衷.世本.长春：时代文艺出版社，2009.

[22] 范晔.后汉书.北京：中华书局，2007.

[23] 郑樵撰，王树民点校.通志.北京：中华书局，1987.

[24] 马端临.文献通考.上海：华东师范大学出版社，1985.

[25] 张华编著，张恩富译.博物志.重庆：重庆出版社，2007.

[26] 葛洪著，钱卫译.神仙传.北京：学苑出版社，1998.

[27] 许仲琳著.封神演义.长春：长春出版社，2010.

[28] 段成式.酉阳杂俎.上海：上海古籍出版社，2012.

[29] 吴承恩.西游记.北京：人民文学出版社，1980.

[30] 佚名.绘图三教源流搜神大全.上海：上海古籍出版社，2012.

[31] 施耐庵.水浒传.北京：人民文学出版社，1975.

[32] 烟霞散人.钟馗全传.北京：华夏出版社，2013.

[33] 罗贯中.三国演义.北京：华夏出版社，2013.

[34] 廖奔.中国戏剧图史.郑州：大象出版社，2000.

[35] 顾学颉.元明杂剧.上海：上海古籍出版社，2011.

[36] 中华书局影印.清实录.北京：中华书局，2008.

图书在版编目（CIP）数据

大音希声颂梨园：山西古戏台／山西省文物局编；
乔忠延著 . -- 太原：三晋出版社，2024.3
（山西文物精华丛书）
ISBN 978-7-5457-2236-9

Ⅰ . ①大… Ⅱ . ①山… ②乔… Ⅲ . ①舞台—古建筑
—介绍—山西 Ⅳ . ① K928.79

中国国家版本馆 CIP 数据核字（2024）第 065344 号

大音希声颂梨园：山西古戏台

编　　者：山西省文物局
著　　者：乔忠延
责任编辑：朱　屹
责任印制：李佳音

出 版 者：山西出版传媒集团·三晋出版社
地　　址：太原市建设南路 21 号
电　　话：0351 - 4956036（总编室）
　　　　　0351 - 4922203（印制部）

经 销 者：新华书店
承 印 者：山西新华印业有限公司

开　　本：787mm×1092mm　　1/16
印　　张：13.75
字　　数：200 千字
版　　次：2024 年 3 月　第 1 版
印　　次：2025 年 3 月　第 1 次印刷
书　　号：ISBN 978-7-5457-2236-9
定　　价：88.00 元

如有印装质量问题，请与本社发行部联系　电话：0351-4922268